LA FRANCE PROVINCIALE

VIE SOCIALE — MŒURS ADMINISTRATIVES

PAR

RENÉ MILLET

PARIS
LIBRAIRIE HACHETTE ET Cie
79, BOULEVARD SAINT-GERMAIN, 79

LA

FRANCE PROVINCIALE

VIE SOCIALE — MOEURS ADMINISTRATIVES

Coulommiers. — Typ. P. BRODARD et GALLOIS.

LA
FRANCE PROVINCIALE

VIE SOCIALE — MŒURS ADMINISTRATIVES

PAR

RENÉ MILLET

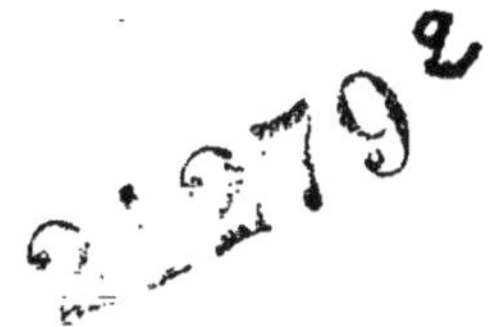

PARIS
LIBRAIRIE HACHETTE ET Cie
79, BOULEVARD SAINT-GERMAIN, 79

1888

INTRODUCTION

Un certain nombre de nos compatriotes et presque tous les étrangers s'imaginent qu'il suffit de connaître Paris pour connaître la France, de même qu'on regarde les personnes au visage et qu'on néglige les parties inférieures du corps. Paris leur semble l'expression complète, unique et définitive de notre civilisation. Ils n'aperçoivent la province qu'à travers un brouillard qui confond toutes les nuances. C'est assez pour eux de savoir qu'elle existe. Un convive attablé devant un bon dîner ne s'informe pas du boulanger qui fait le pain ni du cuisinier qui combine les sauces. De bonne foi, le dernier des Parisiens se considère comme un être privilégié dont 36 millions de provinciaux ne seraient que les pourvoyeurs.

Je ne connais pas de jugement plus faux ni plus injurieux pour notre pays. Sans doute un peuple doit être fier d'avoir créé Paris. Mais Paris n'est pas la France. On l'a compris un peu tard : en donnant trop de prépondérance à la capitale, on troublerait tout l'équilibre de l'État moderne. Les grandes nations contemporaines perdraient leur raison d'être et retomberaient dans les défauts de la cité antique, si elles ne traitaient sur le même pied tous les habitants de leur territoire, et si elles n'évitaient de lier leur sort au caprice d'une minorité turbulente. Nos ancêtres n'ont pas cimenté de leur sang l'unité française, ajouté lentement les provinces aux provinces, repoussé les ennemis du dehors et comprimé ceux du dedans, pour que deux millions de Parisiens, accourus de tous les points de l'horizon, confondus dans une plèbe anonyme, disposent de nos institutions, de nos mœurs et de notre avenir, comme autrefois la plèbe de Rome se jouait des destinées du monde.

On n'ose pas dire : le règne de Paris est terminé, nous n'aurons plus de révolutions d'Hôtel-de-Ville. Il semble cependant qu'elles soient devenues plus difficiles. Tout au moins ne verra-t-on pas de ces coups de théâtre qui entraînaient la province par surprise, car celle-ci est dûment avertie. A coup sûr, ce sera toujours un grave embarras qu'une petite république enclavée dans la grande, et supérieure par sa population à beaucoup d'États qui font figure en Europe, à la Grèce, à la Serbie, au Danemark, à la Norvège. Il faudra compter avec les dispositions agressives de ces assemblées parisiennes qui se considèrent modestement comme la lumière du globe et qui opposent le plus parfait dédain aux remontrances des pouvoirs publics. Elles ne cesseront pas de traîner à leur suite une énorme clientèle de mécontents et de déclassés.

Mais la province à son tour est lasse d'être absorbée ou tyrannisée par la capitale. Depuis 1871, il s'est élevé, dans les parties saines de la population, un sentiment de révolte contre ce despotisme d'un nouveau genre. Ce n'est pas sans fruit que le réveil du patriotisme a coïncidé chez nous avec la terrible épreuve de la Commune, et la leçon ne sera pas perdue. Nos rêveries humanitaires, notre indifférence cosmopolite ont été doublement battues en brèche. Atteints à la fois au cœur et aux extrémités, nous avons souffert dans toutes nos fibres. Le premier siège de Paris nous a désabusés de la fraternité des peuples, le second des théories creuses. Les observateurs superficiels ont seuls pu croire que rien n'était changé en France. Ces tristes journées devaient avoir un écho prolongé dans nos idées et dans nos mœurs. En refusant d'obéir aux folles injonctions de sa capitale, le pays a renoncé du même coup au penchant exclusif pour les abstractions qu'on lui reproche en termes si amers. Paris ressemble à un immense alambic où s'élaborent les idées générales; mais c'est aussi le lieu où les caractères, émoussés par le frottement, perdent le plus vite leur saveur et leur originalité. Or, les Français se sont dégoûtés peu à peu d'être les théoriciens de l'univers. Ils ne veulent plus fabriquer un homme abstrait, gonflé de formules et sevré de faits. Ils n'ont plus d'indulgence pour l'astronome qui tombe dans un puits en contemplant les astres. Il leur paraît plus important de prévoir et de mesurer les événements contemporains que d'avoir des vues sur la marche de l'humanité. La plupart des critiques qu'on nous adresse à cet égard étaient justes hier et ne le seront plus demain. On instruit le procès de notre esprit classique et de notre logique à outrance, au moment même où nous sentons le besoin de nous renfermer dans nos frontières, de redevenir exclusivement français, en un mot de travailler sur la peau humaine, au lieu de polir des phrases.

Nul doute que cette transformation n'ait commencé après nos malheurs. J'en appelle aux hommes de ma génération, et je leur demande si, fatigués du bavardage des clubs ou des salons, ils ne se sont pas penchés sur la France mutilée pour l'étudier de près, pour la mieux connaître; s'ils n'ont pas été repris jusqu'au fond des entrailles d'une tendresse farouche pour ce noble pays, non point subtilisé et quintessencié comme il nous apparaissait dans nos chimères de jeunesse, lorsque nous apprenions l'histoire dans le *Contrat social,* mais tel qu'il a été pétri par quinze siècles d'une laborieuse croissance et par cinq ou six révolutions, avec ses qualités et ses défauts, même avec ses difformités, comme on aime un être cher sur les traits duquel l'âge, le sourire et les larmes ont laissé leur trace.

Cette patrie en chair et en os, je voudrais l'évoquer sous la forme où elle m'est apparue, lorsque je tournais le dos aux livres pour étudier les hommes. Il serait présomptueux de prétendre faire un tableau complet; mais j'aurai atteint mon but si je fais toucher du doigt une société originale et des institutions fécondes. On verra peut-être quelles réserves de vigueur et d'initiative la province recèle dans son sein, quelles ressources elle nous garde malgré les agitations de la surface. C'est aux époques de crise qu'il importe le plus d'éprouver la solidité des assises nationales, pour garder son sang-froid au milieu des orages.

LA

FRANCE PROVINCIALE

PREMIÈRE PARTIE

LA SOCIÉTÉ

CHAPITRE PREMIER

LE SOL ET LES CARACTÈRES

Lorsqu'un voyageur visite les îles Britanniques, les États de la couronne d'Autriche ou les provinces de la Turquie, il a soin de distinguer, non seulement les contrées, mais les races, et il a raison, car il a devant lui, rangés sous le même sceptre, des peuples bien tranchés : Irlandais contre Saxons, Magyars contre Slaves, chrétiens contre musulmans. Chez nous, la fusion est si parfaite et le sang tellement mélangé, que d'un bout à l'autre du territoire, les couleurs sont remplacées par de simples nuances. A la vérité, si l'on met brusquement face à face un Provençal et un Picard, un Gascon et un Flamand, on obtient un contraste tout extérieur d'accent, de geste et de complexion. Mais les âmes diffèrent moins que les visages, et, comme on dit, le ton ne fait pas la chanson. Ces hommes, si dissemblables à première vue, ne sont séparés par aucune opposition essentielle d'intérêt ou de sentiment. Si même ils arrivent à se comprendre, au régiment par exemple, lorsqu'ils échangent leurs patois respectifs contre l'idiome national, ils sont étonnés de se trouver une foule d'idées communes.

Aussi, nombre d'écrivains me semblent faire fausse route lorsqu'ils cherchent à tirer leurs effets littéraires de la différence des races, et qu'ils veulent pousser cette gageure plus loin que le badinage. Ils imitent ces paysagistes qui notent minutieusement, au-dessous de leur toile, le lieu, l'heure et la date de l'inspiration, tandis que leurs devanciers, bien supérieurs, peignaient tout uniment la nature comme ils la voyaient. Je consens qu'un vaudevilliste nous amuse un instant avec le jargon de Provence ou l'exubérance gasconne; mais attribuer au soleil du Midi une influence décisive sur les pensées et les actes d'un bon quart de nos compatriotes, cela me paraît aussi judicieux que de considérer l'innocente protestation des *félibres* comme la revanche de la guerre des Albigeois. On nous a forgé ainsi un type de Méridional hâbleur et vaniteux dans lequel il serait difficile de reconnaître le concitoyen d'un Thiers, d'un Mignet ou d'un Guizot, de même que la littérature a inventé une Bretagne de granit qui ne ressemble guère à la patrie de M. Renan et de M. Jules Simon.

Balzac était beaucoup mieux inspiré lorsqu'il cherchait l'intérêt de la comédie humaine dans la variété des conditions sociales, et non dans la diversité des territoires. Son tableau a certainement vieilli, mais sa conception était juste. En France, c'est la profession et non la naissance qui met le plus de différence entre les hommes. On aperçoit plus d'analogie entre un fermier de la Beauce et son confrère de Normandie, qu'entre celui-ci et l'ouvrier de Rouen. S'il existe chez nous une relation étroite du sol à l'habitant, c'est une relation naturelle, qui tient au degré de bien-être, à la manière de vivre, aux impressions que les yeux reçoivent chaque jour d'un horizon familier, mais qui n'a presque rien à voir avec les anciennes divisions des provinces. Le terroir, c'est-à-dire le mode de culture, a plus d'influence sur le caractère des hommes que des souvenirs historiques bien effacés, ou que la prétendue fatalité du sang. Cette action visible de la terre sur celui qui l'arrose de ses sueurs n'est-elle pas encore un pli du métier? Il m'est arrivé bien souvent de rencontrer aux extrémités opposées de la France, par exemple au fond du Berry et en Bretagne, les mêmes horizons étroits, les mêmes landes en friche, et par suite les mêmes dispositions morales.

Si donc je devais servir de guide à quelque étranger désireux de connaître notre pays, je ne lui montrerais pas les régions les plus excentriques ni les plus frappantes, celles qu'on visite par curiosité. Je le mènerais plutôt dans une France moyenne et tempérée, je le ferais séjourner longtemps dans les départements du centre, et j'aurais soin de lui montrer quelques-uns de ces terroirs en blés, vignes ou pâturages, dont les alternatives de richesse et de pauvreté reproduisent le plus exactement la physionomie générale du pays. Je ne manquerais pas d'ailleurs de le prémunir contre les premières impressions qu'il recevrait en causant avec des provinciaux de la classe éclairée. Je lui expliquerais par quel malentendu ceux-ci voient des complots partout, et se tiennent perpétuellement en défense contre les ruses du paysan. Joseph Prudhomme foisonne en province, et ne manque jamais de vous peindre son propre pays comme un repaire de brigands uniquement occupés à se déchirer les uns les autres. Heureusement, un aussi fâcheux pronostic est démenti par l'aspect laborieux des campagnes et par la face bien nourrie du bourgeois qui vous parle. Tout en décrivant l'état social avec la plume de Hobbes et le pinceau de Salvator Rosa, il boit tranquillement le lait que de farouches conspirateurs lui apportent le matin, et, le soir, il ne trouve pas de vipère au fond des corbeilles de fruits qui décorent sa table.

Une circonstance contribue beaucoup à assombrir les perspectives des hautes classes sur les paysans, et sur les gens du peuple en général : ils les jugent d'après les échantillons qu'ils ont le plus souvent sous les yeux, c'est-à-dire d'après la foule des petits marchands, maraîchers, jardiniers, manœuvres et hommes de peine qui font la navette entre la ville et la campagne. Ce sont eux qu'on voit d'abord en faisant une pointe dans la banlieue. Ils viennent en ville les jours de marché. Leur physionomie est triviale comme la borne au coin d'une place. La plupart des littérateurs ne vont pas plus avant. Ils ont la prétention de nous montrer le fond et le tréfond du paysan : ils ne connaissent que le fruitier du coin. Or il faut reconnaître que cette engeance n'est pas aimable. Fournisseurs presque toujours anonymes de la classe supérieure, travaillant de leur mieux à transformer nos écus en gros sous, ils passent leur temps à considérer l'envers du luxe; et les sentiments peu recommandables qui se développent dans ce petit commerce ne sont pas tempérés par le caractère affectueux des relations. Ils ont les défauts d'une espèce hybride. Ils ne sont ni chair ni poisson, ni ville ni campagne, trop inquiets pour des ruraux, trop rustres pour des citadins. A leurs yeux, tout homme qui ne gratte pas la terre avec ses ongles est un oisif, par suite un inutile. Ils ne lui reconnaissent qu'un mérite, celui de jeter l'argent par les fenêtres, à la condition qu'il se trouve quelqu'un pour le ramasser. Si l'on vient à leur aide, ils sont d'une candeur d'ingratitude admirable. On juge alors quels trésors de bile s'amassent dans le cœur de ceux dont le travail alimente la jouissance d'autrui. Cependant, il entre plus de sotte vanité que de haine raisonnée dans les passions qui fermentent autour de la richesse. Le plus grand grief de ces gens-là, c'est précisément qu'on les tienne à distance. Quelques bonnes paroles opèrent davantage auprès d'eux qu'un bienfait à longueur de bras. Entrez en vous promenant dans une des maisons qui entourent la ville. Jamais on ne vous refusera un abri, s'il pleut; un morceau de pain, si vous avez faim. Avez-vous été seulement poli, on se dérange pour vous indiquer votre chemin. Avec les amours-propres malades les procédés ont plus d'importance que les actes.

Cette population suburbaine n'est qu'une minorité dans les départements, mais elle est intelligente, laborieuse, perfectible. Elle fait rendre à la terre 50 pour 100, lit dans le journal le cours des halles, tire parti des chemins de fer, et ne redoute pas de lancer ses produits au delà des mers. Le type le plus complet, c'est le maraîcher : être insupportable, mais industrieux, flottant entre ses intérêts et ses convoitises, insolent par accès, conservateur par tempérament, déclamant le lundi contre l'infâme capital, parce qu'il a bu avec les ouvriers de la ville ; recueilli et sentencieux le mardi, lorsqu'il a cuvé son vin ; esprit fort le dimanche, mais tous les jours courbé sur ce sol nourricier qu'il triture avec un acharnement sans égal. En politique, il incline vers le despotisme, qui lui paraît être le régime des grands dîners et des pêches à trente sous.

Les vignerons ne sont pas non plus en odeur de sainteté. Arrêtons-nous au pied des collines où l'on récolte un de ces petits vins bien français qui ont peu de corps et beaucoup de montant. Ce cru tout à fait paysan tient le milieu entre les vins de Bourgogne et ceux de Bordeaux. Il a un goût de pierre à fusil et procure à ceux qui en abusent une ivresse bavarde, mais promptement dissipée. Le caractère de nos vignerons ressemble à leur vin. Ils se montent, s'échauffent sur un rien, et s'apaisent de même. Distribués par groupes compacts sur les coteaux où la vigne réussit, serrés autour de petites villes très prospères et très anciennes, ils ne manquent jamais de voter pour le candidat le plus radical. Les terrains de vignobles sont marqués d'une teinte rouge sur la carte politique du préfet. Si, en passant, vous admirez les lignes douces et molles des collines chargées de ceps et couronnées de forêts, un conservateur sourit avec amertume. « Contemplez, dit-il, de loin ce paradis. De près c'est un enfer. » D'où vient ce penchant décidé des vignerons pour les opinions violentes ? Serait-ce, pour employer le langage de leur ami Rabelais, quelque vertu latente et propriété spécifique cachée au fond des cuves, qui attire le radicalisme comme l'aimant attire le fer? La vérité, c'est qu'ils sont tout enivrés de la lutte qu'ils poursuivent avec succès contre la grande propriété. La grosse chevalerie de l'agriculture a, depuis longtemps, abandonné les pentes où pousse la vigne, et concentré ses forces sur les plateaux. C'est là qu'elle se défend, solidement campée en plaine, adossée à des forêts d'aspect féodal, ravitaillée par des fermes aussi massives que des châteaux forts. Les vignerons ressemblent à des tirailleurs agiles qui montent à l'assaut des collines, cherchent les points faibles des positions retranchées, inquiètent les gros bataillons. Ils se considèrent modestement comme l'avant-garde des petits cultivateurs, et de la démocratie en général. Ils s'imaginent de bonne foi qu'ils sont les rois du monde, parce qu'ils règnent sur quelques arpents pierreux. Ce n'est pas le premier peuple qui cède à pareille illusion. Toutefois, ces mauvaises têtes valent mieux que leur réputation. Il faut les excuser d'être un peu quinteux : ils sont à la merci d'une gelée ou d'un rayon de soleil. Il y a du jeu dans leur affaire; impatients dans la mauvaise fortune, arrogants dans la bonne, ces joueurs voudraient risquer beaucoup et ne jamais perdre. Quand la grappe a coulé, l'édifice social leur paraît manquer par la base. Ils veulent tout remanier, hormis, bien entendu, la petite propriété dont ils jouissent. En somme, ces impatiences d'enfants gâtés ne sont pas plus redoutables que les plumets scandaleux dont leurs filles coiffent un front hâlé pour faire enrager les dames de la ville.

Un peu plus loin, nos yeux se reposent sur de magnifiques pâturages. Il y a là des juments poulinières primées dans les concours, des taureaux de race Durham, à la croupe rectiligne, et des bœufs tellement gras qu'ils peuvent à peine marcher en écartant les jambes : ce ne sont plus des animaux, c'est de la viande sur pied. Quand un fermier passe devant eux, ses yeux se mouillent d'attendrissement. De même que ces ruminants participent de la physionomie plantureuse du sol, de même on croit saisir une vague ressemblance entre l'élève et l'éleveur : même encolure, même charpente, même imposante majesté. L'herbager paraît riche, bon vivant, et fréquente plus le café que l'église. Vous l'avez probablement rencontré, en casquette de soie et en blouse flottante, car il vient souvent jusque sur le marché de La Villette. Il est monté dans votre wagon, heureux de frotter à votre habit noir son orgueilleux bourgeron. Sans demander pardon de la liberté grande, il a tiré un cigare de sa poche, et il s'est mis à l'aise, en étalant sa large personne sur les banquettes capitonnées. Vous vous êtes écarté avec horreur, en maudissant intérieurement les privautés démocratiques. Une malice ingénieuse forme le fond du caractère de ce pachyderme. D'autres, les jours d'aubaine, aiment à revêtir la livrée bourgeoise; mais lui trouve un plaisir plus raffiné à vous imposer le contact de la sienne, et à vous agacer les nerfs par le spectacle de son sans-gêne. Ne croyez pas cependant qu'il se livre tous les jours à ces ébats innocents. Vous le jugez riche; il l'est par moments : c'est un spéculateur. Mais il n'est pas son maître. Il relève le plus souvent d'un petit bourgeois de la ville voisine, qui vit à l'étroit du produit des fermages. On pourrait même citer telle commune où les propriétaires, pour tenir plus sûrement leurs turbulents vassaux, n'ont point de bail écrit, et gardent ainsi le droit de les congédier du jour au lendemain, *comme en Irlande*.

C'est une remarque fort ancienne que la Providence, dans sa bonté, a départi plus de finesse aux gros animaux empêtrés dans leurs membres. Nos herbagers ne se piquent pas de consistance politique. Ils ne peuvent sauver leurs intérêts privés qu'aux dépens, non de leur conscience, qui n'a rien à voir dans ces matières, mais de leurs préférences secrètes. Leur penchant pour les opinions avancées n'est pas douteux; cependant ils savent attendre. Courtisés par tous les partis, ils se laissent caresser, solliciter, s'assoient à la table du baron, ne repoussent pas les avances du député. La politique du jour, en attendant mieux, leur paraît un excellent moyen de manger à tous les râteliers. Si les vignerons sont les troupes légères de la démocratie rurale, ceux-ci forment le corps de bataille. Ils rachètent leur lenteur par des manœuvres savantes. Leurs hésitations apparentes sont profondément calculées. Parmi tant de marches et contremarches qui déconcertent l'adversaire, ils ne cessent d'avancer; demain on sera surpris de les voir dans la place.

Il est temps de gravir les plateaux, réserves de notre agriculture. Nous sommes en rase campagne. De tous côtés s'étendent les longues rangées de sillons. Le vent, qu'aucun obstacle n'arrête, souffle rudement au visage et apporte des odeurs saines et fortes. On se croirait en mer. La ligne monotone de l'horizon n'est rompue que par le maigre profil de quelques ormes oubliés au bord d'une route, ou par la silhouette d'une grande ferme. Les labours, les semailles, la moisson viennent successivement animer cette solitude. Le soir, les grandes meules de paille, allongeant leur ombre, semblent des bouées énormes au milieu d'un océan immobile. Sur le chaume où croît une herbe rare, un troupeau de moutons, se pressant autour de la hutte du berger, donne un aspect mélancolique à ce sahara cultivé. La ferme oppose aux assauts du vent ses épais contreforts. A l'intérieur, c'est une arche de Noé. Grand et petit bétail, percherons vigoureux, troupeaux d'oies, volaille familière, pintades criardes, enfants, valets de ferme, moissonneurs à gages, tout vit et grouille pêle-mêle, sous les larges poutres à peine équarries, dans une atmosphère de foin, de grains et d'étable. Cependant le maître du lieu est un solitaire, en ce sens qu'il voit rarement ses supérieurs et que, dans l'enceinte de ce caravansérail, on ne connaît d'autre autorité que la sienne : image à peine altérée de la vie patriarcale. Regardez l'air soumis des valets de charrue et des gens d'août, lorsqu'ils se glissent le long de la grande table, à l'heure du souper. La maîtresse leur distribue des portions d'une soupe épaisse qu'ils dévorent en silence; quand elle ordonne, sa voix chantante et rude ressemble à une bise d'hiver. Chacune de ses paroles tombe de haut : c'est une reine en sabots.

Voici le patron qui entre. On ne peut pas dire qu'il soit beau : trapu, large d'épaules, roux de poil, la mâchoire encadrée dans d'épais favoris, la peau durcie, les yeux rougis et fatigués par le vent, cet ensemble ne compose pas une physionomie avenante. Cependant on distingue dans toute sa personne un air de commandement. Sur ses traits ingrats on lit tant de sérieux, de virilité et de force, qu'il est impossible de méconnaître un homme. Au prix de ces grandes qualités, la différence d'éducation n'est rien : vous n'hésiterez pas à accepter la franche poignée de main qu'il vous offre. Demandez-lui de vous montrer la terre qu'il exploite : d'un geste dominateur, il étend le bras vers les quatre points cardinaux, et taille dans l'immense plaine un grand cercle. Planté ainsi solidement sur ses jambes, humant l'air vif, promenant un regard de maître sur les moissons, il a une mine assez fière. Il passe en revue la ligne des moissonneurs, et soudain les rires se taisent, les faux ronflent plus fort. Il parle peu, mais chaque mot bref, accentué dans le patois du pays, porte juste, et tombe sur le paresseux comme un coup d'aiguillon sur le col d'un bœuf. Il est permis de se demander si ce maître redouté, accoutumé dès l'enfance à se faire obéir des animaux d'abord, des hommes ensuite, libre de pétrir le sol à sa fantaisie, soigneux du détail, attentif à l'ensemble des opérations, n'est pas l'égal, sinon le supérieur, d'une demi-douzaine de désœuvrés, auxquels il verse une fois par an ses fermages, et qu'il aborde, le jour du terme, avec une contenance embarrassée.

C'est une question qu'il se pose peut-être à lui-même, mais il ne dit pas volontiers son secret. Le temps lui manque pour approfondir la philosophie sociale. Il est trop absorbé par l'expérience qu'il poursuit, c'est-à-dire par un essai, timide encore, de grande culture industrielle. Les capitaux et la science lui font défaut. Son père s'en tenait au métayage et croyait à la vertu des jachères. Le fils ressemble à un navigateur, qui, après avoir longtemps serré de près la côte, se lancerait en pleine mer, avec une boussole mal réglée. L'anxiété se peint souvent sur les traits du pilote, et il s'abandonne rarement à ces accès de joyeuse humeur si familiers à ses confrères de la vallée. Il faut une noce ou même un enterrement pour le dérider. Auprès de ses combats intérieurs et de ses calculs, les jeux de la politique sont un pur enfantillage. Tous ces grands intérêts d'un jour passent comme la nuée sur sa tête : lui seul demeure. Tant de générations qui ont arrosé de leurs sueurs le même sol, labouré et semé à travers les révolutions des empires, tiré de siècle en siècle le pain du sillon, supporté successivement le poids du colonat, celui du servage et les inquétudes de la liberté, ont pu transmettre à leur dernier représentant la conscience vague de quelque chose de grand et de stable qui survit aux orages. Cependant, il ne saurait plus laisser à autrui le soin de la chose publique. Au fardeau déjà si lourd de ses soucis professionnels s'ajoute la défense de ses droits. Fût-il sourd à l'appel des partis, la crise agricole le réveille brusquement et lui arrache une plainte, qui, de proche en proche, se répand d'un bout de la France à l'autre. N'en doutez pas, c'est lui qui souffre, plus que le petit propriétaire vivant sur son propre fonds, plus que l'homme aux machines, plus que l'éleveur et que le vigneron. Si la main-d'œuvre augmente, si les journaliers s'en vont à la ville, le fermier des grandes plaines est atteint. A considérer les responsabilités qui pèsent sur sa tête et la somme d'impôts qu'il supporte, on lui pardonne des récriminations un peu vives, une disposition naïve à envelopper dans sa disgrâce le pays tout entier, enfin des méprises trop excusables sur les causes de son malaise.

Tous les visages ne sont pas également dignes d'attention. Il suffira de descendre rapidement cette jolie vallée où s'attarde une rivière aux nonchalants détours. Ce n'est pas que le séjour n'en soit agréable : on le devine au nombre des châteaux de tout âge et de toute forme qui se succèdent à intervalles rapprochés. Les Valois ont aimé ces rives. La rivière semble se complaire autour des vieilles murailles et reflète en courant les fleurs de lis et les salamandres. Le sol porte la trace d'une vie facile et heureuse. Divisé en parcelles aussi petites que les cases d'un damier, ombragé d'arbres à fruits jusque sur les routes, coupant la monotomie des cultures par des bosquets d'essences forestières, il semble mettre l'abondance à portée de la main. La plus grande occupation des habitants est de disputer le moindre lambeau de ce terrain béni à l'étreinte des grands parcs. Il n'existe aucun ensemble dans les cultures: elles présentent à l'œil l'aspect d'un tapis diapré. De même, aucun lien de solidarité durable ne s'est formé entre les paysans. Chacun vit à l'ombre de son noyer; chacun, philosophe sceptique, cultive son jardin comme il l'entend. On joue des tours au voisin, mais on ne se querelle ni très haut ni très longtemps. Les gens du pays ont conservé la bonne humeur narquoise qui court comme une veine brillante dans le métal du caractère national. On y boit maint verre de vin frais sous la treille et on ne se met point en peine de savoir comment tourne la machine ronde. Cette bonhomie est doublée d'une sagacité qui ne se laisse pas prendre aux grands airs de MM. les châtelains. Mais le menu peuple, condamné à la faiblesse par son isolement, n'a aucune force de résistance ni d'attaque. Il compose une sorte de matière plastique que l'administration façonne à son gré et qui lui échappe avec la même facilité. Ces gens-là tiennent du roseau plus que du chêne.

Mais voici que l'aspect du pays change. Aux vallons accidentés succède un sol plat, coupé de haies vives, avec des alternatives de labours et de landes. Des chemins primitifs, aux ornières profondes, s'enfoncent et tournent sous les doubles rangées de chênes trapus, au tronc vidé par le temps. Comment les lourds chariots de bœufs peuvent circuler à travers les fondrières qui ne sèchent jamais, franchir des pentes invraisemblables, rouler et tanguer comme des bateaux en mer, et cependant arriver au but, c'est ce que les inventeurs

du pavé de bois auraient quelque peine à comprendre, mais qui eût paru tout simple aux contemporains de saint Louis. Les bœufs à la robe fauve tachée de boue, aux maigres fanons, attelés deux par deux sous le joug, poursuivent leur marche sans jamais ralentir ni presser l'allure. Non moins flegmatique, le bouvier va devant, son aiguillon sur l'épaule, grave comme un porte-croix. Il chante une chanson monotone qui, dans son opinion, soutient le pas de son attelage; cela s'appelle *tarauder* les bœufs. Il est difficile de voir par quels signes extérieurs ces bêtes manifestent leur satisfaction; mais on serait mal vu dans le pays si l'on mettait en doute l'efficacité de cette musique, L'aspect d'un pareil équipage en dit plus qu'un gros volume sur les mœurs des habitants. Qui peut suivre ainsi son chemin sans se presser, sans éviter un détour, sans interrompre sa chanson, est un homme que l'inquiétude du siècle n'a pas mordu à fond. Un autre trait de cet étrange et charmant pays, c'est que, une fois engagé dans le dédale compliqué des routes, on fait plusieurs lieues sans aucun horizon. La forêt se confond avec le village; et pour apercevoir un clocher, à moins d'être devant l'église, il faudrait grimper sur un arbre. C'est une vie douce, sinon très active, celle à qui l'horizon fait défaut. La pensée ne franchit pas si rapidement les distances, mais elle n'embrasse rien que la volonté ne puisse atteindre. Il semble qu'un pays si fermé, si bien clos, soit moins ouvert au souffle des idées nouvelles. Ces haies vénérables, barrières vivantes qui ont arrêté longtemps la révolution, ne cachent plus aucun fusil de chouan, mais favorisent la force d'inertie. Elle ralentissent l'invasion des courants du dehors. Elles enveloppent de leur réseau onduleux les champs, les prés et les métairies, retenant au passage ce qui subsiste des vieilles croyances. On se défend difficilement contre le charme de ces lieux, et si l'on reste seulement quelques jours, on est bientôt gagné par un délicieux engourdissement qui endort les soucis.

C'est ainsi que, sur le territoire d'une même nation, bien plus, dans l'enceinte d'une même province, on peut, en se promenant, remonter le cours des âges. Pour connaître les mœurs de nos pères, nous n'avons pas besoin de soulever la poussière des bibliothèques; il suffit de changer de place et d'ouvrir les yeux. Quelques kilomètres de distance mettent cent ans d'intervalle entre un habitant et un autre. Plaisant progrès qu'une rivière borne! mais cette borne n'a rien d'immuable: elle se déplace sans cesse; et toutes les fractions du territoire, ou, pour mieux dire, les cœurs des hommes obéissent un peu plus tôt, un peu plus tard, au mouvement qui emporte la nation tout entière. Le Bocage cède à son tour. Il n'a pu résister aux larges brèches que la civilisation pratique depuis vingt ans à travers ses défenses naturelles. Un chemin bien damé appelle une carriole, laquelle suppose un cheval; tous deux inspirent à l'individu voituré le goût de l'impulsion rapide, et le conduisent, par une pente irrésistible, au chemin de fer le plus proche. Déjà, les jours de foire, les yeux du métayer ont perdu leur placidité habituelle. Il ne retrouve une partie de son flegme qu'une fois rentré chez lui, lorsqu'il s'enfonce dans les chemins ravinés et qu'il reprend, avec l'aiguillon, sa chanson paisible. Mais le calme profond des anciens jours, le retrouvera-t-il jamais? Il a senti l'air du dehors. Bon gré mal gré, il faudra qu'il secoue sa nonchalance, et qu'il se mette, comme les autres, à espérer, à craindre, à transformer ses désirs en calculs, ses calculs en actes, en un mot, à vivre.

Tel qu'il est, cet être de transition, suspendu entre les deux abîmes du passé et de l'avenir, tient entre ses mains une petite part de nos destinées présentes, et peut, avec son faible poids, déplacer les majorités. Pénétrons un instant dans son intérieur. Un moyen presque infaillible de savoir quels sentiments se cachent sous la rude écorce du chef de famille, c'est de regarder la femme. Celle-ci a la voix musicale, les attaches fines, un air modeste et tranquille. Elle porte la coiffe blanche du pays. Évidemment, elle ne fléchit pas sous des travaux trop rudes, et n'est pas non plus secrètement minée par une vanité mal satisfaite. Le dimanche, elle porte avec grâce son costume traditionnel et ne se couvre pas de nouveautés ridicules. Elle se plaît dans sa condition ; elle n'a pas encore la pensée d'en sortir. Déjà, peut-être, le mari couve des projets ambitieux, tandis que la femme, dont la vue est plus bornée, respire l'ancienne sérénité. C'est un moment à saisir : demain, si le hasard la fait entrer en contact avec la ville, ou si son époux la met de moitié dans ses calculs, la simplicité patriarcale s'envolera; l'honnête petit bonnet blanc sera remplacé par l'horrible chapeau. Moins mesurée que l'homme, elle anticipera sur l'avenir, et le premier effet du progrès sera de la rendre laide. Espérons que, sous ses atours d'emprunt, elle conservera la plupart de ses vertus domestiques, et qu'elle y joindra la prévoyance et la pénétration des « dames de la grande culture », auxiliaires indispensables des entreprises conjugales. Souhaitons aussi que l'époux apporte à la démocratie un lot de qualités solides. Quels que soient les desseins qu'il forme ou les opinions qu'il embrasse, il y mettra sans doute l'esprit de suite, la ténacité, la réflexion qui, à d'autres époques, ont rendu ses vengeances si redoutables.

On rencontre çà et là dans certains départements, des régions que la nature semble avoir sévèrement traitées. Naguère encore, il n'y a pas trente ans, on les considérait comme à peu près inabordables. Pas un arbre, si ce n'est dans quelques combes étroites; un sol aride, couvert de bruyères et d'ajoncs ; des eaux stagnantes qu'aucune pente ne sollicite; de maigres pâturages, marqués de taches sombres ou rougeâtres; un horizon morne : tel apparaît, dans maint endroit, l'aspect de ces tristes cantons. Bêtes et gens se ressentent d'un pareil milieu. Les maisons sont basses et mal crépies. Les pierres des murs, grossièrement jointes avec un peu de boue, disparaissent dans une teinte grise uniforme. Les étables sont infectes. Le fumier pourrit devant chaque porte, car c'est une opinion bien établie qu'on l'améliore en marchant dessus. Dans ces maisons-là, on se nourrit mal : quelques pommes de terre, un peu de lard, et, les jours de fête seulement, de la viande *douce*, voilà les plus grands régals qu'on se permette. Le vin y est presque inconnu, et remplacé par de la *boisson* ou par une mauvaise eau-de-vie de grains. Tous les habitants d'un village pourraient à peine, en réunissant leurs ressources, atteler un bidet à une charrette. Mal nourris et médiocrement vêtus, ils ont moins de force musculaire que la plupart de leurs compatriotes. Ces quartiers sont bien connus des conseils de revision, qui refusent la moitié des conscrits pour arrêt de développement. Un vieil habitant du pays me racontait qu'autrefois on n'en prenait même pas le quart. Ces pauvres êtres, aux membres décharnés, à la face douce et résignée, défilaient humblement devant les autorités, étalant leur triste nudité, comme dans les Jugements derniers de nos cathédrales, où les élus sont aussi piteux que les damnés. C'était un Moyen-Age ambulant. Le général faisait la grimace, et le préfet, avec une impertinence administrative qui était de bon ton dans ce temps-là, s'écriait, à chaque exhibition nouvelle : « Toi, tu es trop laid. Va te cacher! »

Aujourd'hui, le pays est en pleine transformation. Non seulement les préfets sont plus polis, et les conseils de revision moins difficiles, mais les hommes sont réellement plus forts, parce que la terre est mieux cultivée. Quelques villages seulement ont conservé l'air délabré des anciens jours. Partout ailleurs, les maisons sont mieux aérées, la nourriture plus solide ; la blancheur du plâtre égaye la bâtisse primitive, le bétail engraisse, l'homme s'épanouit. Au dehors, le sol se couvre de gerbes un peu maigres encore. Des canaux de drainage dessèchent les marais. Autour des terres nouvellement retournées, on a semé, pour protéger les frêles moissons contre le vent, une triple rangée d'arbres forestiers. Les jeunes plants de chênes et de peupliers ont déjà passé hauteur d'homme et mêlent un parfum sauvage à l'odeur des granges. Le dimanche, les femmes sont toujours vêtues de droguet et leurs maris de gros drap, mais ils ont un aspect de santé et de propreté. Depuis trente ans, la charrue n'a pas cessé d'attaquer vaillamment ce terroir. La lande et le marécage reculent tous les jours.

Ce résultat est dû principalement à l'accord des petits propriétaires avec les gros. Est-ce que, dans tous les temps, le péril commun n'a pas groupé les petits États derrière les grands? le péril ici est de mourir de faim, ou tout au moins de rester indéfiniment embourbé dans une misère crasse. On y croupissait depuis une dizaine de siècles sans avoir l'idée d'en sortir : aujourd'hui ces populations paisibles ont entrevu une condition meilleure; elles ne peuvent plus supporter leur ancienne ordure. Quiconque les en tire est le bienvenu. Peu leur importe au nom de quel principe, sous l'invocation de quel saint on leur tend un main secourable. Elles ne demandent point ce que pense le voisin, mais comment il amende son champ. La seule affaire sérieuse, c'est le défrichement. Le capital ici n'est point un gros monsieur qui se repose après fortune faite, et se drape dans l'immobilité des droits acquis : c'est un personnage actif, familier, nécessaire, et très considéré. Singulier contraste : dans une vallée opulente, on se déteste ; dans un désert repoussant, on s'unit. Pour résoudre la question sociale, n'ouvrez point aux hommes un eldorado : donnez-leur plutôt les marais Pontins à dessécher.

On peut suivre, de commune en commune et presque de porte en porte, tous les degrés par lesquels passe un paysan, depuis l'abrutissement séculaire jusqu'à l'émancipation complète. Parfois, le cultivateur vit dans l'eau ; il a l'œil terne, le dos voûté, les membres racornis, avec l'expression effarouchée et défiante d'un fauve surpris dans sa bauge. Un peu plus loin, il relève déjà l'échine. Il prévoit et réfléchit, mais ce sont des calculs d'enfant. Pour entasser quelques sous au fond d'un vieux bas, il retranche sur sa nourriture, au risque d'affaiblir ses forces. Sur son front bas et obstiné, recouvert d'une toison crépue comme la tête d'un taureau, un pli profond révèle l'idée fixe et la volonté indomptable. Plus loin encore, son confrère se redresse tout à fait. Héritier d'une certaine indépendance, il n'est point déformé par un travail trop lourd. Il est simple et robuste, circonspect plutôt que défiant; jeune, il a une gravité précoce.

Quel plaisir de longer les rives abruptes d'un fleuve naissant, assez fort pour frayer son chemin, trop voisin de sa source pour charrier des éléments impurs, encore limpide et sentant la forêt ! Tel apparaît le paysan, lorsque l'initiative, qui sommeillait en lui, s'éveille, et que son front s'éclaire d'un rayon de soleil levant. Fidèle encore aux mœurs et aux vêtements de ses pères, étranger aux convoitises déréglées, libre et calme dans ses allures, il s'avance d'un mouvement égal, fécondant le sol sur son passage : mais déjà la pente se précipite, le flot se trouble et une attraction invincible l'entraîne vers des destinées nouvelles.

CHAPITRE II

LE CLERGÉ

La population n'est affranchie nulle part des influences locales, et souvent, quand elle croit s'émanciper, elle ne fait que changer de maître.

Parmi ces influences, la plus ancienne, sinon la plus puissante, est, sans contredit, celle de l'Église. L'instinct populaire ne s'y trompe pas : l'histoire d'un village tourne autour de son clocher. Aucun centre de ralliement n'a été à la fois si durable et si universel : c'est, dans nos moindres hameaux, le signe encore visible de l'ancienne unité du monde chrétien d'où est sortie la civilisation européenne. D'autres puissances sont mortes : le château féodal n'offre plus qu'un amas de pierres chancelantes où croît l'œillet sauvage. Il n'en est pas de même des clochers ; non seulement on conserve ceux qui existent, mais on en construit tous les jours de nouveaux. Allez donc imaginer un village sans clocher! L'habitude est si forte, que telle petite ville, qui se targue de ne croire ni Dieu ni diable, si elle vient à ouvrir un nouveau quartier, se bâtit une église, ne fût-ce que par vanité. Toute la différence réside dans le luxe de la dépense. Nos fanfaronnades d'incrédulité ne vont qu'à faire le clocher moins pointu, ou à le relever d'assez mauvaise grâce quand il tombe. Les villages libres penseurs se contentent d'une simple tour carrée recouverte en zinc. Ils considèrent que, en traitant la divinité cavalièrement, ils ont sacrifié au progrès. Au contraire, nos pauvres paroisses des landes, dont les ressources sont des plus minces, poussent vers le ciel, comme une prière, la flèche de leur petite église. Il n'est pas rare de rencontrer, dans nos cantons les moins riches, des édifices religieux tout neufs, qui étalent la splendeur de leur style néo-gothique au milieu des chaumes et des tas de fumier. Un étranger, nourri de notre littérature politique, et persuadé que les sentiments religieux se meurent en France, serait bien étonné s'il parcourait nos provinces à la manière d'Arthur Young. Il verrait chaque village paisiblement groupé autour de son église. Il entendrait les cloches sonner, comme autrefois, les baptêmes et les funérailles. Il assisterait peut-être à la consécration de quelque nouvelle basilique où l'on aurait prodigué la pierre la plus fine et les vitraux les plus coûteux. Ne serait-il pas disposé à conclure que toutes nos grandes batailles sont des querelles de ménage ? On se dispute ; mais on ne pourrait se passer l'un de l'autre.

L'action politique du clergé se fait principalement sentir dans la partie la plus pauvre du pays, c'est-à-dire environ sur un sixième de la population. Si l'on songe à l'isolement relatif dans lequel vivent nos cultivateurs, à la stabilité des institutions ecclésiastiques au milieu de nos bouleversements, on s'étonnera moins de l'ascendant que l'Église a conservé dans ces campagnes reculées, lorsque la chute successive de tant d'autres dominations laissait comme une place vide à remplir dans l'imagination des hommes. Il est facile de parler d'indépendance à des gens qui ont à peine de quoi manger ; il est moins facile de leur procurer l'aisance et l'éducation, qui les dispensent de recourir à l'assistance d'autrui. Lorsqu'une poignée de cultivateurs besogneux vit à l'écart dans quelque bourgade perdue, à qui s'adresseront-ils, si ce n'est à leur curé, pour avoir un bon conseil ou pour accommoder leurs différends ? Tel orateur de club qui déclame contre l'influence des prêtres, consentirait-il à s'enterrer pour plusieurs années dans un pareil

.. ..

trou, sans relations sociales, sans distractions intellectuelles? Telle est, cependant, la vie d'une bonne partie du clergé campagnard. On l'engage beaucoup à se confiner dans l'exercice de son ministère. Cette réserve ne lui est pas toujours permise. Dans une foule de cas, elle ne serait ni chrétienne, ni humaine. Faudra-t-il que le curé ferme sa porte à de pauvres diables qui savent à peine lire et qui viennent le consulter sur un procès ? Refusera-t-il de soutenir les autorités municipales, qui défendent leurs communaux contre un village voisin, et qui pâlissent au seul aspect du papier timbré? Interdisez-lui alors d'être homme et d'avoir un cœur. Pour quiconque connaît son pays, ces grands principes uniformes qu'on veut appliquer à des citoyens abstraits sont destinés à rester sur le papier. Donnez aux paysans le moyen de s'enrichir et de s'instruire; qu'ils n'aient pas besoin d'aller faire leur provision d'idées à la cure, rien de mieux. Mais empêcher que le prêtre ne les aide, se révolter contre la gratitude qu'on lui témoigne, c'est tout simplement absurde. Dans tel de nos hameaux, le curé a tout fait à lui seul. Il a bâti l'église et l'école. On rencontre partout ce petit vieillard alerte, aux joues couperosées, à la physionomie ouverte. Entre deux messes il raisonne d'agriculture et ne croit pas pour cela manquer à ses devoirs religieux.

. . . .

Seulement sa tête faiblit un peu : il est sujet à embrouiller les dates. Il a pris à part le préfet, qui s'était égaré dans ces steppes, et lui a dit d'un air de confidence : « Tout va bien ; nous sommes les princes du pays. » Le préfet, qui venait de disperser les congrégations, s'est contenté de sourire. Il a pensé sans doute que cette royauté débonnaire, avec son école et son troupeau, servait la cause de la démocratie beaucoup mieux que les rigueurs administratives.

C'est particulièrement sur les plateaux arides que le clergé garde son autorité. Là, en effet, les châteaux sont clairsemés. Le passage d'un fonctionnaire est chose presque aussi rare aujourd'hui qu'au temps où la reine Berthe filait. Un commis des contributions à cheval, un agent voyer qui vient en courant examiner ses routes, la silhouette imposante de deux gendarmes en tournée, telles sont, au cœur de l'Europe civilisée, les manifestations les plus habituelles de la puissance législative et exécutive. Tous les vingt ans à peu près, une affiche blanche apprend aux habitants que le gouvernement a changé ; mais on s'accoutume à tout. On s'aperçoit seulement que l'impôt est plus lourd et le service militaire plus dur. Le curé est la seule autorité qui soit toujours là : on en conclut qu'il est le seul puissant.

Dans plusieurs villages, les curés reçoivent encore en nature le supplément de leurs maigres appointements. A certaines époques de l'année, ils passent avec leurs charrettes devant les granges et prélèvent sur la récolte une gerbe ou un sac. La *Vigie*, journal radical du chef-lieu, a plusieurs fois flétri cette coutume en termes énergiques. Selon cette feuille bilieuse, il s'agirait de rétablir sournoisement la dîme. La *Vigie* s'est alarmée trop vite : presque toutes ces paroisses sont pauvres, et les habitants trouvent, dans les dons en nature, un moyen de faire vivre leur curé sans grever leur budget. Il en est ainsi de beaucoup de grands abus qui alimentent la polémique locale : tout le monde en parle; de près, ce sont bâtons flottants.

Ces rudes ouvriers de la vigne du Seigneur, au front hâlé, à la forte poigne, compromettent quelquefois par des sorties déplacées la dignité de la robe. Ce qui les indigne particulièrement, ce sont les tentatives d'émancipation de leurs ouailles. Un gardeur de moutons ne serait pas plus étonné de voir ses animaux lui tenir tête. Pour eux, une bonne population est celle qui ne fait pas de résistance. Ils enseignent l'honnêteté, la résignation, la douceur, les bonnes mœurs. Ils ne peuvent prendre sur eux de recommander l'esprit d'entreprise, l'énergie, la fierté, toutes les qualités viriles. Le changement les effraye, soit que l'éducation du séminaire les prépare mal à comprendre leur temps, soit que, dans l'exercice de leur ministère, ils succombent à un certain penchant pour les vertus négatives. Trop souvent ils enveloppent dans la même réprobation l'inquiétude d'esprit et la curiosité, le goût des aventures et celui de l'indépendance, la confiance légitime en soi-même et la présomption. Ils accusent particulièrement le service militaire : « Ah! monsieur! quelle plaie d'Égypte! Nous formons des garçons soumis, respectueux, religieux. Quand ils ont passé sous les drapeaux, on nous renvoie des beaux fils qui ne veulent rien écouter, des jolis cœurs qui tournent la tête aux filles. Ils lisent les journaux, ils parlent politique. Trop heureux s'ils ne méprisent pas la charrue. » Nous répondrions volontiers : « Pasteurs respectables, vous vous trompez. Ce sont là de petits maux pour un grand bien. Si la caserne n'est pas précisément un séminaire, la discipline du drapeau enseigne à connaître et à aimer la patrie. On contracte à l'armée des idées nouvelles : tant mieux! ce qu'il faut fuir, ce n'est pas la nouveauté, c'est l'erreur. Donnez à vos jeunes gens un jugement droit, une volonté ferme, et laissez-les se débrouiller tous seuls. Votre morale est trop timide ou trop haute. Elle pourrait convenir à un peuple qui n'aurait aucun espoir d'améliorer son sort ici-bas. Aujourd'hui, il faut faire des hommes d'action, parce que chacun porte sa fortune dans ses mains. Vous vous plaignez avec raison du relâchement des mœurs. Qu'arrivera-t-il si les gardiens naturels de la morale publique s'oublient dans le regret du passé? On marchera sans eux, au grand dommage de toute la communauté. » Voilà ce qu'on pourrait dire à un curé intelligent. Mais crier, s'emporter de part et d'autre, quelle folie! Comment reprocher à ce protecteur des humbles et des faibles d'avoir une préférence marquée pour l'humilité et la faiblesse? Combien de pères, qui adorent leurs fils, ne peuvent jamais s'accoutumer à les traiter en hommes faits? Nos populations rurales sortent à peine de l'enfance; pendant des siècles, elles n'ont eu d'autre guide que le clergé. Ce vieux maître les voit avec douleur secouer leurs lisières. Mais les émancipés de la veille ont mieux à faire que d'outrager un sentiment si paternel. Quand ils auront perdu la verdeur de l'âge et jeté leurs gourmes, ils sentiront peut-être que les défenseurs des vieilles croyances ont encore quelque chose à leur apprendre.

Les époques de crise ont pour effet habituel de rapprocher toutes les nuances d'un même parti. L'Église offre aujourd'hui le spectacle d'une remarquable unité. Cependant il ne faut pas confondre ces curés à demi campagnards avec le clergé plus militant des centres privilégiés. Il existe de petites colonies où l'on s'encourage à combattre pour la bonne cause. Les manifestations religieuses y prennent une allure de croisade. L'église du bourg a été construite sur la plus haute colline et frappe de loin les yeux. Un calvaire, célèbre dans toute la contrée, attire chaque année de nombreux pèlerins. Le clergé, jeune et actif, retrempe continuellement sa foi au contact de deux ou trois couvents. Les jours de fête, il aime à déployer la majesté des grandes processions sur le flanc des coteaux. Il faut voir alors l'aspect des rues montantes de la petite ville, surtout si l'on attend quelque auguste visite. Partout se dressent des mâts ornés de banderoles dont on a soigneusement exclu les trois couleurs. Celles-ci ne se rencontrent que sur le drapeau de la mairie, sorte d'appendice en métal qu'aucun souffle n'agite et qui fait contraste avec la gaieté générale. Le cortège s'avance, enseignes déployées, au chant des cantiques, entre deux longues files de cierges qu'on porte avec une certaine crânerie, comme s'il s'agissait de défier un ennemi invisible. Les femmes sont agenouillées jusque dans les ruisseaux et forment une haie blanche et noire, depuis l'église jusqu'au calvaire. Ce sont là des démonstrations bien inof-

. . . .

fensives. Nos populations ont beaucoup de goût pour les pompes extérieures du culte, et l'on ne peut commettre de plus insigne maladresse que de les leur interdire. Dans tous les pays libres, chaque parti n'a-t-il pas le droit de se compter? Ne s'accoutumera-t-on jamais, en France, à voir de sang-froid parader ses adversaires?

Un fait plus regrettable, c'est l'intervention du clergé dans les luttes électorales. De récentes défaites l'ont rendu circonspect. Il n'en est pas moins vrai que, à certains jours de bataille, des essaims de jeunes séminaristes sortent des ruches pieuses pour se répandre dans les campagnes. On affirme encore que la même ardeur irréfléchie transforme en instrument de propagande politique les conférences ecclésiastiques qui se tiennent chez le doyen du canton. Là, on discute le langage à tenir en chaire, les moyens à employer pour assurer le succès de telle ou telle candidature, et diverses combinaisons fort étrangères au dogme et à la morale. Sans nul doute, l'entourage d'une petite bourgeoisie désœuvrée ou d'une noblesse bouillante contribue beaucoup à pousser le clergé dans l'arène politique. Les laïques n'ont point charge d'âmes. Si sincère que soit leur piété, ils sont beaucoup plus accessibles aux passions temporelles. Ils ont des espérances ou des regrets. Les uns ne pardonnent pas à la démocratie la perte de leurs avantages; les autres, gonflés d'une importance de fraîche date, s'efforcent de faire oublier leur origine en exagérant le zèle pour le trône et l'autel. Ainsi se forme autour du clergé une espèce d'opinion locale à laquelle il cède involontairement. C'est un nuage qui s'interpose entre le prêtre et la classe populaire, véritable source de sa force, selon l'esprit évangélique. A force de gémir ensemble sur le malheur des temps, on finit par se croire réellement persécuté. On déclame contre un siècle sans foi ni loi, et l'on attend un miracle : que le ciel, dans sa colère, anéantisse l'ennemi, et soudain, comme par enchantement, le calme remplacera la tempête.

Ce serait une erreur de croire que ces petits centres d'opposition obéissent toujours à un mot d'ordre venu de haut. Le plus souvent l'évêché serait disposé à jeter de l'eau sur le feu. Mais les efforts des évêques se heurtent aux passions locales; puis les attaques du parti contraire forcent à serrer les rangs et à couvrir des auxiliaires compromettants. Un jour, deux prélats éclairés, dont l'un venait d'être préconisé, causaient ensemble des réformes à introduire dans l'éducation du clergé; ils voulaient, l'un et l'autre, le tenir à l'écart de la politique. Au moment de se séparer, l'un d'eux avisa, sur la table de son collègue, une feuille cléricale d'une extrême violence. Il ne put s'empêcher d'en faire la remarque. « Voilà, dit-il, notre pire ennemi. Pensez-vous réformer votre clergé en accueillant et en protégeant ces enfants perdus, qui tirent si souvent sur leurs propres troupes? — Hélas! répondit le prélat en soupirant, je ne suis pas libre. Si je cessais de recevoir ce journal, une partie de mon troupeau m'abandonnerait. » Le propriétaire même du journal, un grand seigneur sanguin et franc, grand amateur de coups de poing cléricaux, se vantait, non sans raison, de mener le diocèse. Il disait un jour devant un nombreux auditoire : « Vous croyez que l'évêché peut me faire de l'opposition? Il n'oserait, car j'ai la moitié du clergé avec moi. Un de nos évêques essaya naguère d'enrayer le mouvement. C'était sous l'empire. Mon journal avait, à cette époque, deux cents abonnés, ni plus ni moins. Un matin, j'appris qu'il était tombé à cent quatre-vingt-dix-neuf. Je vis d'où partait le coup et j'allai droit au palais épiscopal : — Monseigneur, dis-je, si demain Votre Grandeur n'a pas renouvelé son abonnement, je la préviens respectueusement que je soulève contre elle son clergé. — Le lendemain, mon deux centième abonné rentrait au bercail. »

Cependant, malgré quelques intempérances de

langage, nos curés sont beaucoup moins compromis que les philippiques d'extrême droite et d'extrême gauche ne le feraient supposer. Même au sein de cette petite société frondeuse qui les soutient, il se dépense, pour la bonne cause, moins d'énergie que d'argent, et moins d'argent que de paroles. Si le clergé était conséquent avec lui-même, il dirait : « Mes enfants, tout ce qu'on a fait depuis une centaine d'années ne vaut rien. Rendez à l'Église votre part des biens nationaux. Restituez aux nobles ces terres dans lesquelles vous vous êtes taillé d'assez jolis morceaux. Détruisez les routes. Faites sauter les rails des chemins de fer. En fait d'instruction, bornez-vous au catéchisme. Un croyant en sait toujours assez long, pourvu qu'il distingue une charrue d'une herse. » Ces doctrines, quel curé voudrait les soutenir? quelle paroisse les écouterait jusqu'au bout? Notre clergé a le sens trop juste pour se mettre en travers des progrès légitimes. Quels que soient ses vœux secrets, il accepte ce qu'il ne peut empêcher.

Il consacrait dernièrement, par sa présence, l'inauguration d'une nouvelle ligne ferrée. Toutes les soutanes et tous les surplis du canton étaient là, en grand appareil. Le doyen prononça des prières latines où il comparait la locomotive au char de feu du prophète Isaïe. Un autre prêtre, dans une allocution pathétique, sut mêler à dose égale les pensées d'avenir et le regret du passé. Il ne se défendait pas d'une certaine défiance contre cette machine, plus rapide que le désir, plus dévorante que l'ambition. Il montrait la déroute des vieux costumes et des traditions respectables devant l'invasion foudroyante des idées modernes. Mais il concluait sagement que tout vient de Dieu. Puisque sa dextre nous avait octroyé une aussi terrible invention, il fallait tâcher d'en faire le meilleur usage possible. Est-ce là le ton d'une aveugle et folle résistance à la marche des événements? Si vous voulez voir un fanatisme de qualité solide, passez les Pyrénées et visitez l'Espagne. Là, le clergé ne transige pas. Là, le chemin de fer et le télégraphe, fréquemment détruits dans les guerres carlistes, sont traités d'inventions diaboliques. Là, on trouve encore des chemins de casse-cou et de coupe-jarret qui font trébucher les mulets; de jolies vallées sans issue, où l'on bâtit de beaux séminaires, où, faute de débouchés, le vin s'achète et se vend au prix de l'eau. Des prêtres, fort doux dans la vie privée, portent dans leurs yeux, quand ils montent en chaire, tout le feu de l'Inquisition. Ces hommes tout d'une pièce, à l'âme « plus grande encore que folle », soulèvent, au seul nom d'un prétendant, une population qui leur ressemble; ils mettent leur vie comme enjeu du combat. Nos mœurs, Dieu merci! sont plus calmes. Nos prêtres, qui savent bien mourir, — ils l'ont prouvé en 1871, — ne songent nullement à faire répandre le sang dans l'intérêt de n'importe quel prétendant. Toutes ces grandes batailles se dénouent pacifiquement autour des urnes.

Ajoutons que, en matière électorale, nos populations ne sont pas aussi malléables qu'on le suppose. Nos paysans les plus catholiques ne ressemblent guère à ces Flamands de Belgique qu'on enrégimente et qu'on mène aux élections, tambour battant. On raisonne beaucoup chez nous : or le raisonnement est mortel aux grandes passions. Même dans l'ardeur de la mêlée, personne ne se livre tout entier. Si les chefs parlent plus qu'ils n'agissent, les soldats n'agissent qu'à bon escient. Une certaine finesse gauloise empêche de part et d'autre qu'on ne dépasse les limites du possible. Le paysan songe d'abord à mettre son vote d'accord avec son intérêt. Si vous avez barre sur lui, vous réussirez deux ou trois fois à lui glisser dans la main le bulletin préféré. La quatrième fois, il raye le nom imprimé et trace péniblement, mais spontanément, celui d'un autre candidat. Au moment du dépouillement, il rit dans sa barbe, et le bureau stupéfait constate qu'il n'y a plus d'enfants.

Quelques personnes regretteront peut-être, pour l'amour de l'art, le temps héroïque de la chouannerie et des coups de fusil. Nous nous féliciterons plutôt des heureuses inconséquences des partis. Rien de plus systématique que nos théories; rien de plus accommodant que notre conduite. Les étrangers qui nous font l'honneur de chercher le mot de nos contradictions ne peuvent comprendre que le fond du pays soit si calme lorsque la surface est si agitée. Ils seraient bien plus étonnés s'ils voyaient de près avec quelle activité ce même clergé, qui s'incline devant le *Syllabus*, travaille de ses propres mains à l'éducation, c'est-à-dire à l'émancipation du peuple, et devient ainsi le principal auxiliaire des démocrates. Imaginez un bateau qui descendrait rapidement le cours d'un fleuve, poussé par un courant plus fort que la rame ou que la voile. Plusieurs pilotes se disputent le gouvernail : l'un veut incliner à droite et l'autre à gauche; aucun ne pense à jeter l'ancre. Tous, entraînés par le même mouvement, portés sur le même esquif, atteindront l'embouchure à la même heure. Combien vaines paraîtraient leurs discordes à un spectateur désintéressé qui, de la rive, les verrait passer dans un tourbillon!

A mesure qu'on s'éloigne des provinces pauvres, le zèle pour les intérêts de l'Église se refroidit peu à peu. Un fait digne de remarque, c'est la situation équivoque du clergé à l'égard des châteaux. L'Église, qui apporte un grand discernement dans le choix des hommes, désigne, pour ces paroisses, des prêtres plus dégagés de l'enveloppe rustique, plus aptes, lorsque les circonstances l'exigent, à plier sans céder. Il semble que la communauté d'opinions devrait toujours établir une alliance étroite entre le presbytère et le manoir. Bien des fois cependant le prêtre est gêné par la propagande intempestive ou le ton impérieux du châtelain. L'esprit démocratique envahit, à leur insu, les âmes qui se croient les mieux affermies contre l'orgueil du siècle. Sous l'habit ecclésiastique, le curé reste fier et jaloux de ses droits. Il n'aime point qu'on tranche avec lui du gros personnage. Il se tient en garde contre les prévenances excessives et s'enferme, de parti pris, dans sa cure. Le prêtre débonnaire, demi-domestique et demi-chapelain, commensal du baron et serviteur très humble de Mme la baronne, est un type à peu près disparu. Comme il arrive souvent, cette figure d'autrefois ne se rencontre plus que dans de la littérature courante : les prétendues peintures de mœurs de nos jours retardent généralement d'une vingtaine d'années. A la fin de ce siècle, on verra surgir un clergé de campagne bien différent de ce modèle : aussi absolu peut-être sur le dogme, mais lentement pénétré par l'esprit des temps nouveaux, il défendra pied à pied l'autel et la sacristie contre l'envahissement aimable, les guirlandes et les exigences de la haute dévotion.

L'esprit démocratique d'un certain clergé, s'il ne va pas jusqu'à la guerre ouverte, développe quelquefois chez lui d'injustes défiances. Voici un hameau qui n'aurait pas d'église, si le châtelain n'offrait sa chapelle au desservant. Ne croyez pas cependant qu'on tienne compte au maître du logis de sa complaisance. La messe commence à l'heure militaire, même si le maître n'est pas là. L'officiant prêche pour l'assistance et ne tourne jamais les yeux vers le banc privilégié. Il dépouille en courant ses ornements sacerdotaux; le châtelain qui désirait lui parler ne peut le saisir. Nous voilà loin du temps où l'on attendait l'arrivée du haut et puissant seigneur pour commencer la messe dans l'église paroissiale! Ce sont là de minces tracasseries, mais elles sont d'autant plus significatives qu'elles s'adressent aux partisans dévoués de l'autel. Il faut donc qu'elles aient leur source dans quelque amour-propre plébéien mal réprimé.

Ailleurs le même sentiment emprunte le masque de l'indifférence philosophique. Un curé, fort indulgent pour les peccadilles de son troupeau, prend un malin plaisir à dérouter l'élite de la paroisse en changeant tous les jours l'heure de la messe. La dévotion exaltée d'un certain nombre de familles bien posées a le don de l'exaspérer. Il se dit janséniste afin de simplifier les cérémonies du culte et se dédommage au prône en faisant l'éloge de son propre zèle à la barbe des châteaux. Ainsi, tandis que le clergé des villes se rapproche de plus en plus des hautes classes, avec lesquelles il est en harmonie complète d'origine et d'éducation, un mouvement contraire tend à se propager dans les campagnes.

Il y a des bourgs populeux où l'isolement se fait autour de l'église. Le pasteur ne songe plus à lutter. Le culte n'est suivi que par les femmes. Les hommes se rassemblent devant le porche pour causer de leurs affaires, mais n'entrent pas. Quels sont les vrais motifs de cette défaveur qui semble atteindre la partie la plus modeste du clergé? Il est facile d'accuser la propagande révolutionnaire. Mais les partis n'inventent rien : ils ne font que profiter des circonstances; si le terrain n'était pas bien préparé, toute entreprise dirigée contre l'Église serait frappée d'impuissance. La vérité, c'est que les mêmes causes font sa force d'un côté du fleuve et sa faiblesse sur l'autre bord. Là, elle est aimée parce qu'elle représente le passé; ici, on affecte de

. . . .

la redouter pour la même raison. Ce n'est point impunément qu'on a la gloire de représenter les plus antiques traditions et de résumer, dans le symbole du clocher, tous les pouvoirs disparus. Ce même clocher devient pour une population ambitieuse et remuante, le signe visible d'une tutelle incommode. La confusion qui s'est établie peu à peu entre des formes sociales plus ou moins condamnées et les intérêts ecclésiastiques favorise cette disposition. Comme on s'est posé en adversaires de la Révolution, la Révolution vous traite en ennemis. Chacun prétend que l'autre a commencé. C'est ainsi qu'Hérodote raconte les origines de la guerre de Troie : un Grec d'Europe enlevait une femme aux Grecs d'Asie, qui, par représailles, répondaient par un autre enlèvement, et ainsi de suite, jusqu'au rapt d'Hélène.

Au village, on ne s'occupe guère de trancher la question historique. On n'examine pas si la Révolution a bien fait de confisquer les propriétés du clergé; mais on ne veut point être dépossédé, ni même entendre l'éloge d'un temps qui n'est plus. Ce que nos vignerons tiennent, ils le tiennent bien; la simple menace d'un retour en arrière les met en fureur. A ces motifs généraux ajoutez le désir d'affirmer son importance, la satisfaction de briser un frein, l'idée bien arrêtée de ne pas se laisser sermonner, le besoin plus légitime d'écarter toute ingérence dans les affaires locales : tel est l'amalgame de raisons solides et frivoles qui détermine, ici comme ailleurs, la conduite humaine. Jacques Bonhomme et son frère Gros-Jean tombent d'accord pour mettre l'Église en quarantaine.

Toutefois, la quarantaine n'est ni sévère ni durable. On se tromperait si l'on divisait la population rurale en deux parts : ceux qui croient et ceux qui ne croient pas. Ces bonnes gens ne regardent pas si loin. Rarement ils négligent de demander à l'Église la consécration des grands événements de ce bas monde : naissance, mariage ou mort. Ils sont même assez fidèles aux grandes fêtes. Ils éprouvent le désir instinctif de se réunir de temps en temps, à l'abri d'une institution vénérable qui dépasse le train ordinaire de la vie.

Dernièrement, dans une petite commune, on eut l'idée de faire un enterrement civil. Le cortège se mit en marche ; mais on s'avisa tout à coup que le défunt faisait partie d'une confrérie placée sous le patronage de saint Vincent et que la bannière du saint était enfermée dans l'église. On s'en alla donc quérir la clef chez M. le curé, qui eut l'esprit de ne pas la refuser. On prit la bannière et on la porta triomphalement jusqu'au cimetière. Là nos gens furent encore bien embarrassés. Après un moment d'hésitation, chacun fit bravement le signe de la croix, et jeta sur le cercueil un peu de terre en guise d'eau bénite.

On ne rompt pas en un jour avec les vieilles habitudes. Il est si facile à un pasteur intelligent de les restaurer! On pourrait citer telle paroisse dont l'église fut délaissée pendant près de vingt ans. Les curés fulminaient et perdaient leur latin. L'un d'eux, homme instruit, tout rempli d'idées générales, d'ailleurs nerveux et irritable, passait son temps à déclamer en chaire, devant des bancs vides, contre l'athéisme, le scepticisme, le déisme, et toutes les bêtes de l'Apocalypse. Survint un petit curé tout rond, fort ignorant en théologie, jeune, actif, heureux de vivre, qui prit bonnement la paroisse comme elle était, c'est-à-dire également dépourvue de grands vices et de grandes vertus. Il nettoya l'église, redora l'autel, acheta un bel harmonium pour soutenir les chantres qui, pendant ce long interrègne, avaient greffé sur le rituel les fioritures les plus extravagantes. Il fit même sa partie dans une fanfare, aucune bulle du pape n'interdisant aux curés les jouissances de l'art en dehors des offices. On vint d'abord à la messe par curiosité; on y resta, pour la musique. La première honte bue, l'église se trouva pleine. Le petit pasteur ne brille pas par l'éloquence, mais il donne par-ci par-là un bon conseil, une idée consolante habillée en langage un peu vulgaire; et voilà une paroisse reconquise.

Lorsque le sentiment religieux descend le plus bas, il suffit de la plus légère impulsion pour faire remonter sensiblement le niveau des croyances. Ceux qui pensent, avec Tocqueville, que la religion est indispensable aux sociétés démocratiques, n'ont pas lieu de désespérer. Le sort du clergé est entre ses mains; il lui appartient d'approprier son enseignement aux nécessités nouvelles. On sait que les catholiques sont nombreux en Angleterre et aux États-Unis. Le dogme sur lequel ils s'appuient est exactement le même que celui qu'on enseigne dans nos séminaires. Cependant le ton, l'allure et la méthode du clergé d'outre-mer diffèrent absolument de ce qu'ils sont chez nous. Il abandonne volontiers le terrain brûlant du dogme pour des leçons plus familières, mais plus utiles. Il sait au besoin parler affaires à des gens d'affaires. Il pénètre en expert dans la conscience d'un négociant, et accommode d'une manière merveilleuse les conseils de l'évangile à des opérations qui n'étaient guère connues des contemporains de saint Mathieu. Il ne maudit ni l'esprit d'entreprise ni le désir du mieux; mais il place le progrès sous l'égide de la religion. D'où provient cet esprit de sage tolérance? C'est que l'orateur sait qu'il ne serait pas écouté s'il

4

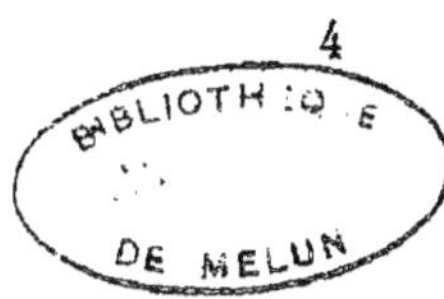

tenait un langage moins énergique, moins précis, moins exactement modelé sur les préoccupations de son auditoire. Il n'est pas défendu d'espérer qu'une révolution analogue se fera dans nos mœurs, que le prêtre perdra un peu de son exaltation théologique, le fidèle de ses rancunes enfantines, et que tous deux se rencontreront à mi-chemin, non plus dans la région des orages, mais sur le terrain pacifié de la morale pratique.

CHAPITRE III

LES PROPRIÉTAIRES

L'influence des prêtres est celle d'un corps dont les membres sont liés par une forte discipline. Chaque ecclésiastique pris à part est faible : l'ensemble se maintient par la cohésion. Tout au rebours les grands propriétaires sont divisés entre eux. Ils diffèrent d'origine, d'opinion et d'éducation. Où l'un ne voit qu'un accessoire agréable de la vie mondaine, l'autre cherche un instrument pour son ambition. La grande propriété n'est plus une institution politique. Elle ne confère point à son heureux possesseur le droit de juger, d'administrer et de rançonner ses semblables. Mais les mœurs, plus fortes que les lois, attachent encore à la situation territoriale une prérogative insaisissable, la prépondérance. Nos grands domaines ressemblent à ces arbres que la hache du bûcheron épargne dans les coupes réglées :

ils tiennent au sol par toutes leurs racines et ils étendent au loin leur ombre sur les arbustes inférieurs. Tant de révolutions qui ont passé sur leur tête et emporté quelques maîtresses branches n'ont pu ébranler leur solide fondement. Ils profitent même des abatis qu'on pratique autour d'eux en recevant à flots l'air et la lumière. Ainsi la grande propriété, participant au progrès de la richesse publique, croît d'importance et de valeur à mesure que le sol se divise autour d'elle.

Dans nos dîners de province, lorsque le vin et la politique délient les langues, et que tout le monde parle à la fois, le tour des conversations est une sorte de gémissement continu et bruyant sur l'impuissance de l'homme de bien. Nous sommes débordés ! Tout nous échappe ! La lèpre radicale gagne les campagnes! Le sage n'a plus qu'à vivre aussi doucement que possible entre sa vigne et son figuier, jusqu'à ce qu'on le chasse à son tour. Les plus riches propriétaires tiennent ce langage. Ils paraissent ignorer que la nature et les lois leur donnent une avance énorme sur leurs concitoyens. Ils ont un petit État, qu'ils transmettront à leurs héritiers; sur ce territoire vit une population de fermiers et de journaliers, libre, il est vrai, d'aller chercher son pain ailleurs, mais placée dans la dépendance du maître tant qu'elle y reste. En a-t-il fallu davantage pour fonder de grands empires? Que cherchaient nos premiers rois, au prix de tant de sang répandu, si ce n'est l'hérédité pour leur race et la consistance territoriale pour leur puissance? Avec la seule Ile-de-France, les Capétiens ont assis leur domination et groupé autour d'eux des voisins plus turbulents que les nôtres. Dans une sphère plus modeste, nos conservateurs pacifiques ne sauront-ils pas se servir des armes que la civilisation met entre leurs mains? Faudra-t-il encore que les lois favorisent leur paresse à l'aide de privilèges et d'exemptions d'impôts qui les rendraient odieux? Attendront-ils qu'on attache à la possession de la terre quelque grande charge publique, avant de savoir s'ils en seront dignes? La Révolution leur a laissé davantage, en organisant la propriété moderne, qu'elle n'a retiré à leurs ancêtres en les dépouillant des redevances féodales. Si cet ancien lustre leur était rendu, ils seraient probablement tout aussi incapables d'en tirer profit et ils laisseraient la chose publique péricliter entre leurs mains, faute de comprendre qu'il n'est pas de droit sans devoir.

Mais, reprennent les pessimistes, la grande propriété est fort menacée. Elle est à moitié ruinée par la crise agricole : demain la terre ne vaudra plus rien, on l'abandonnera comme un instrument rouillé.

Quand elle conserverait sa valeur, ne tomberait-elle pas morceau par morceau sous les coups impitoyables du code, qui a établi la loi des partages égaux? — Oui, sans doute, il y a en ce moment un peu de tiédeur. Quelle passion n'est sujette à refroidissement ? Mais croire qu'elle va s'éteindre à la suite d'une épreuve passagère, ce serait mal connaître le cœur de nos compatriotes. S'ils mesuraient exactement leur penchant pour la terre au revenu qu'elle donne, ils auraient commencé à la dédaigner le jour où le mouvement des valeurs mobilières a offert des placements bien plus lucratifs que ce misérable 1 ou 2 pour 100. Ils ne l'ont pas fait cependant. Ce qu'on achète avec un domaine, ce n'est pas seulement un certain nombre de poignées de blé ou de bottes de foin : ce sont les vieux souvenirs qui planent autour de certaines murailles, c'est l'empreinte laissée par tant de générations sur le sol sacré de la patrie; ce sont encore des jouissances d'un ordre élevé, ou tout simplement le coup de chapeau du paysan; c'est, enfin, la consécration de la fortune, le prolongement de la personnalité, le fondement durable de la famille, toutes choses impalpables et qui étonneraient bien un citoyen de Chicago. Il faut être Américain pour ne rien laisser au sentiment. Là-bas, la terre circule de main en main, comme une marchandise ; elle se crie à la bourse, se troque contre un morceau de papier, se négocie chez le banquier du coin. Chaque parcelle, découpée au hasard dans d'immenses plaines uniformes, ressemble à un visage qui n'aurait point de physionomie. Comment s'y attacherait-on? En France, chaque motte de terre a son langage, et chaque pierre est un symbole.

Tout Français qui consent à devenir propriétaire a, dans sa vie, une heure de désintéressement : c'est la minute où il paye au fisc le tarif exorbitant des droits de mutation. Pour qu'une pareille fiscalité soit possible, il faut que nous concevions une idée bien extraordinaire de l'agrément qu'on peut avoir à figurer sur le livre d'or de la propriété territoriale. Il est douteux qu'aucune redevance vexatoire ou même que la taille aient jamais prélevé sur les biens de la terre, en faisant gémir les contribuables, ce que le Trésor prend sans effort aujourd'hui sur les ventes ou sur les legs. Cela fait 9 ou 10 pour 100 du prix principal. Vous croyez peut-être que le malheureux acquéreur trouve la charge lourde? Nullement. Les gens du métier affirment qu'il n'en supporte aucune aussi légèrement; et l'on serait tenté de le croire en voyant qu'il l'augmente de son plein gré. Car, enfin, personne ne le force à s'assurer contre les évictions par un contrat authentique; ou du moins, si ce luxe de précautions ne correspondait pas à un penchant essentiel, on verrait bientôt une procédure expéditive naître et se développer à côté de la procédure officielle, de même que la coulisse s'est formée à côté du parquet des agents de change. Mais non, après avoir payé trop cher son vendeur et l'État, il faut encore que cet infortuné accumule le papier timbré. Tel qui bondit au seul nom de dîme, trouve tout naturel que la société prélève, sous mille formes différentes, la dîme de son ambition. Et l'on voudrait nous faire croire que ce même propriétaire, après avoir supporté sans se plaindre un tel fardeau, se dégoûterait tout d'un coup? Si la grande propriété ne reposait que sur des intérêts, sans doute elle fléchirait avec eux; mais elle a son principal fondement dans l'amour-propre : elle est bâtie sur le roc.

Il serait puéril de nier les effets de la loi des partages, ou de ces agents de destruction plus actifs encore : la prodigalité et l'incurie. Combien de propriétaires calculent mal leurs forces et sont écrasés par la nécessité de tenir un grand état de maison! Combien sont forcés de réaliser! Il faut vendre s'il y a des mineurs; vendre, si l'on n'est point assez riche; vendre de toutes mains et à tout venant. Nous avons reçu les confidences d'un marchand de biens qui venait d'acheter un magnifique château.

Il ne pouvait se consoler d'avoir à le débiter en détail. Ce digne successeur des bandes noires avait des entrailles et ne s'acquittait de sa tâche qu'en larmoyant. Il est d'ailleurs, à sa manière, une espèce d'influence départementale, une excroissance maladive de la grande propriété. On le rencontre sans cesse, mais on ne le remarque pas, car il a des yeux, un visage et jusqu'à une nuance de vêtement qui se dérobent à l'attention. C'est quelque chose d'incolore à force de rouler partout. Le regard est fuyant et n'a d'éclat que pour le commissaire priseur. La parole, au contraire, est nette comme un prospectus bien fait. Vous n'êtes pas depuis un quart d'heure avec cet homme qu'il a trouvé moyen de vous glisser son adresse. Il vous offre tout ce que vous pouvez désirer, depuis une terre qui vaut un million, jusqu'à un fond de cheminée où l'on voit en relief l'écusson des anciens maîtres. Il revend séparément, bien qu'à contre-cœur, la forêt, le parc, les serres, le mobilier, et jusqu'au gibier. Voulez-vous quelques paires de chevreuils pour repeupler vos chasses, ou préférez-vous des faïences anciennes? Il tient de tout. Il est du reste sérieux, posé, sans affectation ni vanité malséante, comme il sied à un insecte de bien qui remplit une tâche essentielle dans la nature. De même que le termite ronge consciencieusement sa poutre, il va et vient, s'empresse,

....

divise et subdivise, comme si le salut du monde dépendait de sa diligence. Il joue à la baisse pour acheter la terre, à la hausse pour la revendre. Alarmé aujourd'hui de la dépréciation du sol, il se jette dans la politique pour obtenir des droits protecteurs. Il se fera, s'il le faut, agent électoral : c'est une annexe de son petit commerce. Il trouve ses députés trop mous; il les harcèle, et, avec sa lucidité d'homme d'affaires, frappe juste. D'ailleurs, ce répartiteur juré de la fortune territoriale n'est point uniquement occupé à broyer et à morceler. S'il détruit, il se plaît à reconstituer; il revend en gros comme en détail.

Les grands domaines renaissent avec autant de rapidité qu'ils se défont. Nos pères, en décrétant la division des héritages, agissaient en disciples de Rousseau et en admirateurs de l'antiquité. Ils attendaient peut-être de ce morcellement un équilibre social digne de Lycurgue. Au bout d'un demi-siècle, les Français seraient devenus égaux et médiocres. Cent ans se sont presque écoulés : l'aspect de nos champs ne rappelle pas plus l'égalité spartiate que l'ordinaire de nos tables ne ressemble au brouet lacédémonien. Nos pères n'avaient pas prévu le développement merveilleux de la richesse mobilière, ni que cette richesse retournerait à la terre comme par une pente naturelle, pour reformer les chasses immenses, les futaies vénérables, et les garennes d'autrefois.

Ce sont les grands noms qui ont le plus de propension vers les grandes terres. Ils prouvent, par leur exemple, qu'avec un peu d'esprit on n'a pas à craindre les partages et qu'on arrive toujours à combler les trous de son patrimoine. Jadis, un duc et pair disait à sa belle-fille, en apprenant la naissance d'un troisième héritier : « Ma bru, voilà qui va fort bien; mais si vous m'en donnez encore un, il faudra vendre. » Ce grand seigneur avait compté sans les mariages, qui, pendant trois générations successives, ont redoré son écusson. Le dernier duc vient d'épouser la fille d'un riche industriel. Il abandonne à son cadet la terre patrimoniale, qui ne lui suffit plus, et il achète à deniers comptants une ancienne résidence royale. Cette demeure, depuis longtemps silencieuse, s'emplit du bruit des voitures, des piqueurs et des chiens. L'apparence des livrées, la tenue des équipages, surpasse les anciens modèles. Le velours et la soie frôlent de nouveau les vieux escaliers de pierre. Des barques élégantes réveillent l'eau dormante des étangs. Une centaine de fermiers dépendent du château. A défaut de véritable déférence, l'intérêt suffit à les maintenir. Que le duc se montre seulement humain, qu'il paye largement les indemnités de ses chasses, qu'il ferme les yeux sur le braconnage, on l'enverra, s'il le désire, à la Chambre ou au Sénat. Le voilà entré de plain-pied dans les affaires, et plus puissant peut-être, de par ses électeurs, qu'il ne l'aurait été jadis par droit de naissance, avec sa duché-pairie. S'il a plusieurs enfants, il faudra partager. Mais qu'importe? Ses fils feront comme lui. Ils se marieront bien, et le même somptueux décor les suivra de leur berceau jusqu'à leur tombe. Séduits par le mirage du passé, ils pourront oublier, ils oublieront trop souvent dans quel siècle ils vivent, et quels devoirs d'activité leur incombent, pour être à la hauteur d'une telle situation; car cette existence magnifique, si elle n'est pas relevée par de hautes ambitions, devient la plus vide et la plus fatigante des féeries.

Qui donc a reproché à la noblesse française d'être fermée, sévère aux nouveaux venus, dédaigneuse de la richesse? Qui l'a accusée de ne pas savoir, comme l'aristocratie anglaise, se plier aux circonstances, éviter la pauvreté toute nue? Dans notre province, les sacs et les parchemins n'ont pas cessé d'avoir de l'attrait l'un pour l'autre. C'est une loi aussi constante que l'attraction et la pesanteur. Elle survit aux révolutions les plus profondes; elle tient aux fibres mêmes du cœur. Autrefois, on épousait pour se refaire du jeu et des grandes dépenses de la cour. On épouse maintenant par économie bien entendue et pour soutenir sa maison. La démocratie n'y change rien. La cote des grands noms n'a point baissé; bien plus : elle a monté. Un titre est de bonne défaite à l'exportation. Les Américains, ces princes des parvenus, en sont les plus friands. Un duc, un comte, un marquis, n'ont qu'à choisir, en France ou à l'étranger. Dans n'importe quelle branche d'industrie, s'il naît une fille, belle ou laide, elle est pour eux. Il serait ridicule de crier au scandale. Dans un âge commercial, tout se trafique. Il en est d'un grand nom comme du clos-vougeot ou du laffite, qu'un seul terroir peut produire. C'est un monopole naturel, qui se paye au prix d'amateur. Il y a une trentaine d'années, notre littérature a beaucoup daubé sur ces alliances. Aujourd'hui, elles sont complètement passées dans les mœurs, ce qui prouve qu'elles répondent à une nécessité sociale. Elles sont, pour la noblesse, la rançon d'une loi très dure, qui lui interdit de faire un aîné, et elles témoignent d'un certain niveau commun entre un sang rarement pur de tout mélange et la haute bourgeoisie, qui ne le cède à cette élite ni par la culture, ni par les manières. Il serait souvent malaisé de saisir la différence entre une duchesse improvisée et la grande dame dont les quartiers sont irréprochables.

. . . .

La grande propriété est l'accompagnement ordinaire, ou, pour mieux dire, le prix de ces mariages politiques. C'est dans l'isolement majestueux du château seigneurial ou dans le développement princier d'une large vie élégante que la fusion se consomme. Le noble, fidèle à ses traditions de famille, a transformé à son profit la puissance financière du siècle et recouvré comme châtelain une partie de l'influence perdue. Le bourgeois, quand il a respiré cette atmosphère aristocratique, dépouille le vieil homme. Il trouve enfin ce qui lui manquait à la ville : l'espace et le prestige. Il ne sent plus les coudes d'une foule fiévreuse, il n'entend plus les milliers de voix discordantes dont l'ensemble forme la rumeur des grandes cités. Il atteint réellement le faîte de son ambition, ce rêve de stabilité qui se dérobait sans cesse à son étreinte. Le spectacle de nos agitations politiques augmente encore chez lui le besoin du repos : la propriété territoriale lui en offre l'image la moins imparfaite. Il n'en jouira peut-être qu'un jour. Mais, pendant cette heure fugitive, il aura eu l'illusion de la durée. Ses fils, paisibles possesseurs du domaine acquis, s'étonneront qu'on ait pu végéter dans un entresol et user ses yeux sur des colonnes de chiffres. Demain, ils seront parfaitement confondus avec les anciens maîtres du sol. L'œil exercé d'une femme pourrait

....

seul démêler le parvenu sous l'impertinence du faux gentilhomme.

Il subsiste encore, dans un grand nombre de cantons, toute une petite noblesse rurale qui ne paraît guère avoir changé depuis la Révolution. Beaucoup de biens patrimoniaux ont traversé les orages politiques ou sont rentrés entre les mains de leurs anciens possesseurs. Sans doute, les privilèges ont péri dans le voyage; mais, à l'exception de quelques redevances plus bizarres qu'utiles, on ne voit pas que ces hobereaux aient perdu grand'chose dans le naufrage du 4 août. Ils n'ont plus le droit exclusif d'élever des pigeonniers, ce qui était assurément flatteur, mais ils ont encore, avec l'estime publique, un bon abri pour les générations futures. C'est généralement ce qu'on appelle un grand logis, moitié ferme et moitié manoir. Sous l'enduit de plâtre moderne reparaissent les croisillons et les fines sculptures du XVIe siècle. Même quand le logis est rebâti à neuf, le portail se dresse dans son ancienne majesté et porte dans ses pierres noircies quelques restes de blason à demi effacés sous les saxifrages. Le pigeonnier aussi est encore debout. L'ancienne cour seigneuriale, qu'il domine de son chef branlant, est devenue basse-cour. C'est là que le gentilhomme campagnard, rude d'aspect et de langage, reçoit ses fermiers avec une familiarité qui cependant maintient les distances. Le partage de la récolte se fait sous les yeux du maître : il a le droit de choisir sa part le premier. Il se rend, comme jadis, au marché sur son cheval maigre. Il chausse volontiers de gros sabots, boit sa piquette, surveille son bien et mène au demeurant une existence assez tolérable. Il n'est pas rare qu'un titre de comte ou de marquis se cache ainsi sous la blouse. Le métayer aime ce propriétaire qui l'aide au besoin et ne le presse pas trop. D'un côté, la simplicité de la vie, de l'autre, la fidélité des souvenirs entretiennent la sympathie et la confiance réciproques.

Dans une province reculée, je rencontre une bourgade qui est comme le dernier refuge de cette classe respectable. Elle a gardé sa ceinture de murailles, couvertes de mousse et de ronces, ses douves à l'eau dormante, ses quatre portes flanquées de tours. On conçoit que cette gentilhommière ait pu longtemps se suffire à elle-même, dans le domaine que la nature et l'histoire lui avaient tracé. Si jamais quelque invasion de barbares rompait les routes et brisait les communications administratives, elle renaîtrait dans son ancienne indépendance, ainsi qu'un rejeton vigoureux détaché de la souche nationale. Les jours de fête, elle secoue sa torpeur et s'emplit de gens, de bêtes et de bruit. Les coiffes blanches innombrables, les chapeaux aux formes étranges, les visages fouettés par le vent, l'étalage des marchands forains qui débitent des amulettes religieuses avec des ustensiles domestiques, toute cette animation locale nous reporte au xve siècle, avant les grands chemins et la politique.

Là vivent assemblés tous ceux de nos hobereaux qui n'ont pas le courage de se faire laboureurs. On trouve parmi eux d'assez grands seigneurs et des noms de très vieille date. Mais la plupart sont tombés dans la médiocrité, quelquefois dans la misère. Ils se sont fixés dans cette enceinte étroite, et, bien serrés les uns contre les autres, comme leurs vieilles maisons, s'étayent réciproquement. Ils vivent chichement, mais avec une certaine dignité, mettent en commun leurs préjugés doublés d'un peu de morgue innocente et se réchauffent au foyer qu'ils alimentent avec les débris du passé. Quoique pauvres, ils ont encore la satisfaction de se sentir respectés, d'abord par bénéfice d'ancienneté, puis parce que, dans leur oisiveté, ils ont conservé l'honneur pointilleux du gentilhomme. Quelques-uns, hélas! sont tout à fait écroulés. Tel dont le nom figurait aux croisades a été forcé d'accepter un emploi de facteur rural. Tel autre, sous ses pauvres habits, a la physionomie d'un garde champêtre, et devient le régisseur trop scrupuleux de quelque bourgeois enrichi. La plupart ont encore des terres et restent en communion étroite avec les campagnes environnantes. Ils tirent vanité de leur désœuvrement. Une de ces nobles dames, qui végète avec trois ou quatre mille francs de rente, dit, en parlant de millionnaires : « Ce sont des gens de rien; ils ont travaillé toute leur vie! » La déchéance, pour eux, commence au travail; et c'est par là qu'ils se distinguent nettement de la classe bourgeoise, même lorsque celle-ci a la sottise de renier son origine. Naturellement, cette oisiveté nourrit une assez jolie collection des aimables vices pour lesquels l'ancienne société se montrait indulgente : par exemple, un penchant prononcé pour la bouteille ou bien un libertinage d'ordre inférieur. Il y a de petits scandales qu'on se chuchote à l'oreille. Ces vieux péchés ne défigurent pas trop un fond de droiture et de qualités solides. Ils ressemblent aux plantes folles et parasites qui poussent dans les crevasses des vieux murs.

Dans ce nid de hobereaux, quelques familles bourgeoises ont conservé, avec un nom intact, toute la verdeur de leurs opinions voltairiennes. Elles sont aussi entichées de préjugés révolutionnaires que les autres de noblesse, aussi dédaigneuses des subtilités du point d'honneur que M. Poirier lui-même, et cependant pleines de probité, de verve, avec le goût du terroir, qui ne gâte rien. On est encore libéral, dans ce pays-là, comme on l'était sous Louis-Philippe, avec beaucoup de passions anticléricales, qui se dépensent en paroles, mais avec des ménagements pour les personnes. Un bon bourgeois parle « d'écraser l'infâme » et fait paisiblement sa partie de piquet avec le curé. De temps immémorial, on a choisi dans ces familles, aux époques de révolution, des administrateurs de district et des commissaires du gouvernement. Une fois le péril passé, elles rentrent dans leur existence modeste, tandis que des fonctionnaires patentés viennent de la capitale pour régenter un pays qu'ils ne connaissent pas.

Ces opinions tranchées communiquent une saveur particulière aux luttes politiques du canton. Les passions sont vives des deux côtés. Malgré la supériorité numérique des nobles, la ferme attitude de quelques roturiers suffit à balancer la victoire. On se prend à regretter que notre tiers état n'ait pas conservé partout le même caractère un peu âpre et la même vigueur de bon sens. Les bourgeois ici restent bourgeois, et, malgré les provocations de la noblesse, ils ne cèdent pas à la manie des duels politiques dans lesquels on s'extermine si rarement. Ils sont à l'abri de cette contagion absurde, parodie du sentiment chevaleresque, qui met la pointe d'une épée sous chaque parole de

....

journaliste aux abois et qui n'exige même pas de courage, tant le dénouement est prévu. Aux dernières élections, l'homme le plus considéré de la contrée était une espèce de colosse, gentilhomme et propriétaire, ne dédaignant pas de mettre la main à la charrue. Cettè figure biblique appuyait de ses poings les opinions les plus orthodoxes, de sorte qu'il ne faisait pas bon tomber sous le coup de ses arguments. Au même moment, les opinions contraires avaient un jeune champion, moins vigoureux de corps, mais beaucoup plus vif d'esprit, frais émoulu des écoles de Paris, et prêt à soutenir dans toute leur pureté les traditions révolutionnaires de sa famille. Il correspondait avec les journaux les plus avancés, et ne laissait pas passer un abus à cinq lieues à la ronde. L'autre aimait les abus, et pour cause. Bref, il parut un article assez mordant, avec des allusions transparentes. Ce grand diable, qui ne mettait jamais de chapeau, de peur des congestions, ne put résister à l'impétuosité de son tempérament rustique. Il alla chercher le plus saugrenu des gentillâtres et tous deux tombèrent à bras raccourcis sur le malheureux jeune homme. Celui-ci, qui était prévenu, les attendit de pied ferme, se laissa rosser consciencieusement, bien qu'il eût un pistolet chargé sous la main ; puis, au lieu de les appeler sur le terrain, il les conduisit en police correctionnelle, où ils eurent six mois de prison. Nos piliers de salles d'armes trouveront cette conduite bien pusillanime. Tous tant que nous sommes, esclaves de l'opinion, nous aurions fait les matamores. C'est cependant une question de savoir si ce petit homme n'a pas montré plus de sang-froid et de courage en risquant de se faire assommer qu'en mettant flamberge au vent. Il a renvoyé la brutalité au seul endroit qui lui convienne, au banc d'un tribunal. Ce dédain du préjugé sent d'une lieue son Molière. Combien M. Jourdain, dont la personnalité bruyante encombre maintenant notre presse et nos assemblées, aurait été moins grotesque, s'il avait écouté les conseils de sa digne épouse, au lieu de se travestir en gentilhomme!

Si nous cherchons un endroit où la grande propriété brille de tout son lustre, nous nous arrêterons dans une de ces vallées qu'on peut appeler la région des châteaux. La tradition, le charme du site, le voisinage des grandes forêts et des rivières ont déterminé leur emplacement. De temps en temps, on aperçoit, au-dessus des ombrages des grands parcs, de fières tourelles, des pignons aigus, des girouettes, tout l'appareil compliqué et gracieux de l'architecture féodale. Une grande partie de ces manoirs ont été construits dans les cent années qui séparent l'avènement de François Ier de la mort de Henri IV. Ils témoignent de la vitalité puissante et de l'originalité qui étaient, pendant cette époque troublée, les traits de notre noblesse provinciale. Les plus humbles pignons se paraient alors d'ornements dont l'imprévu et la grâce rappelaient l'exubérance de Rabelais ou la finesse de Montaigne.

Parmi les résidences plus anciennes, il y en a peu qui ne soient à l'état de ruine. Cependant on conserve avec soin deux ou trois bastilles féodales à la mine rébarbative, avec pont-levis, poternes et mâchicoulis. Les aménagements modernes qu'on est forcé de faire pour habiter ces forteresses ne sont pas sans leur donner un léger ridicule. On s'approche de ces terribles murailles : un chien solitaire remplace à lui seul les hommes d'armes qui gardaient la première enceinte. On avance : la cour du donjon est déserte. Une tête se montre enfin, une voix sort d'une fenêtre haute. C'est la dame du logis, qui appelle sans façon son domestique. On vous introduit dans une vaste salle où les châtelains rendaient la justice. Le seigneur est un homme tout uni, demi-savant, demi-campagnard, avec des lunettes bleues et des guêtres de chasse. Il est épris de son vieux château. Il vous promène avec amour à travers les pièces vides et incommodes, le long des créneaux veufs de coulevrines. Il démonte sous vos yeux son château fort comme un jouet. On se fatigue à la longue de voir des salles du trône sans trône, des armures sans chevaliers, des hallebardes sans suisse. Le goût de l'archéologie et de la restauration envahit tout. Les fortunes bourgeoises ne sont pas toujours à la hauteur de ces prodigalités. Un simple papier gaufré remplace alors les tentures en cuir de Cordoue. Des moulures de plâtre grossièrement peintes comblent les lacunes des boiseries sculptées. On ne retrouve dans ces imitations ni le caprice de la main, ni le prix de la matière, qui sont les véritables signes de l'opulence mariée au goût. Se procurer rapidement et à bon marché des jouissances aristocratiques, voilà où le bourgeois barbouillé de noblesse montre le bout de l'oreille.

Il n'est pas beaucoup plus à l'aise dans les solides demeures, encore intactes, que lui a léguées le XVIIe siècle. La sévère ordonnance de ces grands châteaux de brique et pierre convient mal au laisser-aller des mœurs modernes. C'était bon pour l'ancienne noblesse de robe qui lisait Descartes, Gassendi et Pascal en guise de distraction, et qui, jusque dans son faste, conservait la rigidité imposante d'un tableau de Philippe de Champaigne. Nous avons beau nous hausser sur la pointe des pieds, nous nous sentons petits garçons en présence de ces murs vénérables ; et si la mode ne s'en mêlait, les nouveaux habitants avoueraient qu'ils s'y ennuient à périr. Peu à peu, ils désertent les grands salons trop froids, où ils avaient accumulé toutes les reliques du passé ; ils préfèrent le joli au grand, le style Pompadour aux meubles de Boule. Tout en conservant, pour la montre, une sorte de musée, ils s'accoutument à vivre dans une seule aile du château : toutes les splendeurs gênantes sont remplacées peu à peu par de bons divans bien capitonnés. A la raideur des anciens fauteuils ils substituent ces chauffeuses complaisantes où l'on se tient moins assis que couché ; aux boiseries correctes, un fouillis d'étoffes et de bibelots contemporains. Ce sont les coulisses de la comédie politique que notre haute société joue pour la galerie. Elle chausse volontiers le cothurne, et se guinde en paroles, sur des opinions dignes de Port-Royal. Il faut la voir en déshabillé, lorsqu'elle pose son masque et qu'elle se détend dans le bien-être. Si alors ces messieurs et ces dames, tout en buvant leur café, répètent que nous marchons aux abîmes et se lamentent sur le temps présent, nous pourrons leur représenter doucement que leur sort vaut bien celui de leurs aïeux. Jamais, quoi qu'ils en disent, la vie privée n'a été plus moelleuse ni plus confortable. Elle s'écoule sans émotion, sans secousse, exempte des lourdes obligations qu'imposent le rang et la grandeur. Que diraient nos châtelains s'ils devaient, comme autrefois, donner audience à leurs vassaux, paraître aux assemblées de la noblesse, observer les préséances? Ou bien, puisque leur archéologie se complaît dans les temps héroïques, s'il fallait vivre l'épée à la main, prendre parti entre les huguenots et les catholiques, défendre leurs murailles contre des bandes de partisans, redouter, à la suite de quelque galante escapade, la sévérité d'un roi? Ils tremblent aujourd'hui devant quelques démagogues.

On prétend que, à la veille de la grande Révolution, une cour frivole et insouciante dansait sur un volcan. Certes, ce ne sont point nos gens qu'une nouvelle tourmente surprendrait en flagrant délit d'optimisme! Pour dénigrer la France, ils rendraient des points à l'étranger le plus hostile. Ce sont là des bravades puériles. En aucun temps on n'a montré plus d'indulgence pour certaines fanfaronnades, qui consistent à mépriser ouvertement les pouvoirs publics dont on réclame en secret la protection. Puisque les murs de ces châteaux ont vu les querelles religieuses et celles des parlements, ils pourraient enseigner à leurs possesseurs ce qu'il en coûtait autrefois de penser autrement que le pouvoir. Ces comparaisons ne seraient pas toujours à l'avantage du passé; mais les dissidents montraient alors plus de courage et de politique qu'il n'en faut aujourd'hui pour tenir tête à trois ou quatre pédants de village.

Doit-on attacher plus d'importance à cette recherche d'archaïsme que les châteaux apportent dans leurs opinions, comme ils en mettent dans leur mobilier? Telle est l'influence de la pierre sur l'homme, que le bourgeois le plus vulgaire, une fois installé dans la carcasse d'un vieux manoir, se croit obligé d'entrer dans la peau des anciens propriétaires. Il perd le peu de cervelle qui lui restait au contact de toutes ces vieilleries. La possession d'un salon Louis XV lui inspire des goûts de talon rouge. Il parle du bout des lèvres et prend un air mauvais sujet. Ailleurs, la mode est aux armures et aux grands coups d'épée. On dirait qu'après fortune faite, chacun n'a plus qu'à choisir, dans la succession des temps, celui qui convient le mieux à son imagination ou à son tempérament. Voulez-vous du Moyen âge, de la Renaissance, ou du Directoire? La baguette d'une fée va vous transporter cent ou deux cents ans en arrière, vous, votre château et votre parc. Si encore cette fantaisie s'en tenait à la bagatelle! Mais il faudrait, pour satisfaire le caprice de nos parvenus, ou les exigences tout aussi déraisonnables de la vieille noblesse, que la France entière modelât ses institutions et ses idées sur cet idéal à reculons. « Eh! ventre-saint-gris, dirait le bon roi Henri à ses courtisans rétrospectifs, j'étais de mon temps, messieurs, soyez du vôtre! »

CHAPITRE IV

L'INFLUENCE TERRITORIALE

Les déceptions commencent pour les grands propriétaires quand ils veulent entrer dans la vie politique. Un grand seigneur paraît une fois dans sa terre au moment des vendanges, et, le reste du temps, vit à Paris. Un bourgeois mange ses revenus à la ville voisine et traite ses fermiers du haut en bas. Cependant, vers quarante ans, il leur pousse une ambition. L'un vient étaler devant les braves gens qui l'ont vu naître le luxe de ses équipages et la hauteur de ses grandes manières. L'autre imite gauchement la bonhomie rustique, prend le menton aux filles, et frappe sur l'épaule des pères. L'un distribue des écus et l'autre des cigares. On prend les écus, on fume les cigares, on cache les filles, et finalement on nomme quelque politique du cru, qui ne fait point grande figure, mais qui, depuis dix ans, vit installé dans la place.

Il faudrait au moins que nos ambitieux consentissent à résider. Voici un grand parc désert. C'est au mois de juin : tout est en fleur; mais les fenêtres du château sont closes. L'herbe pousse dans les allées du parc. Il y règne un air d'abandon que cette magnificence rend plus triste. Les fermiers sont inquiets, car leur grenier penche et leur étable est insuffisante. Ils ne savent quand viendra le châtelain, si ce sera pour la saison de pêche, ou seulement pour les chasses. Il arrive enfin. Le château secoue sa torpeur. Les jardiniers se hâtent, donnent aux corbeilles un air de fête, et flattent délicatement l'amour-propre de Madame, qui, de sa fenêtre, peut voir ses initiales et sa couronne tracées en géranium sur le gazon. Pendant un mois, c'est un tapage à rompre la tête. Les piqueurs donnent du cor, les cuisiniers s'empressent autour des fourneaux. Le pauvre diable de fermier se présente alors, ruminant sa requête et tournant son chapeau entre ses doigts : osera-t-il parler devant tout ce beau monde? Non, il préfère revenir un peu plus tard. Il revient en effet : le tourbillon est déjà passé, tout est retombé dans un morne silence.

On ne dira jamais assez aux propriétaires le tort que leur font les régisseurs. Est-il rien de plus humiliant, pour des hommes de cœur, que d'être à la merci de ces dogues qu'il faut craindre ou flagorner? Nous ne sommes point en Russie; cependant on ne saurait croire combien il reste encore, dans nos provinces, de tyrannie subalterne, de valetaille orgueilleuse, de renards et de loups-cerviers. Éternels défauts de la nature humaine, dira-t-on; soit, mais ne sont-ils pas singulièrement favorisés par l'absence ou par l'oisiveté du maître, presque toujours invisible? Qu'importe même un séjour de six mois, si, uniquement occupé de vos plaisirs, vous vous déchargez des affaires, comme au bon vieux temps, sur le dos d'un intendant voleur? Vous n'êtes point agronome? la campagne est pour vous un délassement et non un devoir? Au moins, tenez en laisse le chien de garde, soyez d'accès facile, passez quelquefois par-dessus la tête de votre subordonné pour réparer une injustice. Et, après tout cela, si, pendant neuf mois sur douze, votre carrière ou votre fantaisie vous appellent à Paris, ayez le bon sens de n'avoir pas d'ambition locale. Ne maudissez pas une ingrate patrie qui dédaigne vos talents. Vous pouvez être un ingénieur exact, un excellent officier, un diplomate délié : vous ne sauriez devenir, du jour au lendemain, une puissance départementale.

On a hâte de jouir, et on croit acheter tout ensemble : le château, la terre, et les dépendances, c'est-à-dire le prestige territorial. Un de nos députés, voulant liquider son bien, disait à un acquéreur irrésolu : « Prenez ma terre. Je vous la vends peut-être un peu cher, mais vous ne regretterez pas votre argent. C'est mon mandat que je vous cède par-dessus le marché. » Il aurait pu, comme le personnage de Cicéron vendant sa villa, convoquer le ban et l'arrière-ban de ses prétendus vassaux et organiser, sous les yeux de l'acheteur charmé, une petite fête patriarcale. Mais quand le nouveau propriétaire serait accueilli par des démonstrations de joie, des cris, et des salves d'artifice ; quand même le chœur de ses fermiers lui chanterait du matin au soir :

> Que de grâce ! que de grandeur !
> Ah ! combien monseigneur
> Doit être content de lui-même !

il devrait s'attendre à de cruels déboires. Le temps n'est plus où l'on vendait les âmes avec le sol. Laissez passer six mois. Le vent a tourné. L'idylle s'est évanouie. Ces villageois de Berquin ne sont plus, à l'entendre, que des misérables sans foi ni loi. Quel est leur crime après tout? De lui en avoir donné pour son argent et d'avoir régalé sa vanité de vains hommages.

Erreur de jugement, le ton impérieux et cassant de la grande dame : ce petit notaire, qu'elle traite avec un sans-gène insultant, lui revaudra cher toutes ses courbettes. Erreur encore, la charité humiliante, qui traite les hommes comme les enfants, et pense, avec quelques bonnes paroles, les maintenir dans l'ancienne dépendance. Autre faute, l'air protecteur qui appelle la fermière : bonne femme, et son époux : mon brave. Il faut engager tout ce beau monde à puiser ses notions sur la société moderne autre part que dans le vieux répertoire.

Une difficulté beaucoup plus grave tient à la forme même de notre éducation. Voici un homme excellent, modéré, respectueux des droits d'autrui. Avec une âme fière et maîtresse d'elle-même, de la discrétion, un peu trop de réserve peut-être, il semble né pour de grands emplois. L'incertitude des temps l'a déterminé à se fixer dans sa terre, qui est belle et vaste, mais ne se prête pas aux expériences. C'est un mélange de prés, de bois et de vignes sur un terrain accidenté, dans un site délicieux. Notre propriétaire ne veut pourtant pas s'y engourdir. Il se lève dès l'aube, visite ses fermiers. Il est à lui-même son propre intendant. Il se couche harassé de fatigue et dort d'un sommeil de plomb. D'où vient cependant que, avec tant d'exactitude et des occupations si pressantes, il s'ennuie profondément ? Il a beau s'évertuer, il ne saurait prendre intérêt à une aussi plate besogne. Il n'a pas même la ressource des petites jouissances dont ses voisins nourrissent leur désœuvrement. Il ne tire gloire ni de son nom, ni de son château, ni d'un vignoble renommé. Il traite ses inférieurs avec une politesse recherchée, qui passe pour de la froideur. On le respecte, mais on lui préfère tel de ses pareils qui, avec moins de fond, a plus de rondeur et de familiarité. Il n'est vraiment heureux que pendant les heures trop courtes qu'il dérobe à ses tracas pour s'enfermer dans sa bibliothèque. Là, son esprit ouvre ses ailes et prend l'essor. Du fond de son cabinet il porte sur les affaires publiques des jugements dont le ton décidé tranche avec sa timidité ordinaire.

Ne croyez pas cependant que ce rare esprit renonce à réaliser le bien qu'il rêve. Il a fait de louables efforts pour associer les petits propriétaires voisins dans une entreprise commune. Tous l'écoutaient en silence et paraissaient approuver du bonnet. Mais quand on alla aux voix, le projet fut rejeté. Cet échec fut très sensible à notre solitaire. Il reprit, la tête basse, son train de vie monotone. Cœur candide, âme trop pure, mal préparée pour agir. Suffit-il donc d'avoir raison? Combien de pas et de démarches ne faut-il pas au plus honnête homme pour faire triompher l'idée la plus simple! Avant de lancer votre proposition, que n'allâtes-vous visiter chacun en particulier? Ne pouviez-vous diriger adroitement l'entretien et, tout en parlant de la pluie et du beau temps, étudier du coin de l'œil le point faible de votre interlocuteur? Le jour de la délibération, vous aviez ville gagnée. Mais s'en rapporter à l'effet d'un argument bien coordonné, croire que l'histoire se fait avec des harangues, comme dans Tite-Live, c'est vraiment trop de bonne foi ou trop d'inexpérience. Nous dirons à cet homme, digne d'une meilleure fortune : Déployez vos remarquables facultés sur un autre théâtre. Choisissez les armes, l'administration ou les lettres. La nature nous a créés pour différents rôles, et le vôtre est d'entrer tout droit dans le pays des idées générales, sans passer par la filière des petites gens. Ce qu'il faut ici, c'est la pratique des hommes ; c'est un tempérament sanguin et gai qui surmonte aisément les dégoûts ; c'est une certaine facilité de commerce, et, comme on dit, de l'entregent; plus d'audace que de scrupules, de sympathie que de sévérité ; une opiniâtreté à toute épreuve sous une apparente souplesse; en un mot, les qualités de l'homme d'action. Ce n'est pas là le produit d'une éducation littéraire et raffinée.

De la vie aristocratique les châteaux n'ont conservé que la façade. Ils n'ont aucune prise sur le pays. Leurs affinités avec les coteries ne font que les affaiblir. Tout autre est la situation des hauts et puissants barons de l'agriculture qui font valoir leurs terres. Ceux-là s'attachent au fond plutôt qu'à la forme et sacrifient volontiers la façade pour sauver le corps de logis. L'existence du grand propriétaire défricheur est fort austère. Il vit loin de la vie facile et élégante, du mouvement des réceptions, de l'échange des idées. L'isolement est ici une nécessité topographique. En traversant ces espaces déserts où l'agronome n'a d'autre distraction que d'écouter pousser son blé, on se sent frissonner de la tête aux pieds. Un homme habitué à notre température de serre chaude ne pourrait jamais s'y faire. L'habitation du maître n'offre aucune recherche. Quand on vit toujours dehors, l'intérieur est chose secondaire. On rentre crotté jusqu'à l'échine. On préfère aux parquets cirés les dalles et le carreau, qui peuvent se laver facilement. Le sang est tellement fouetté par le grand air qu'on oublie d'allumer du feu. La salle décorée du nom de salon est une glacière qu'on n'ouvre presque jamais. Le maître, en supprimant toute trace de luxe, diminue les frais généraux et flatte un entourage dont il imite la simplicité.

Le monde croit qu'on est fort à plaindre quand on se passe de lui. Nous avons cependant rencontré peu d'existences aussi dignes, aussi bien réglées, en définitive aussi heureuses que celles qui s'écoulent au sein de ces petites colonies agricoles, entre quatre murs blanchis à la chaux, et dans l'exercice d'une tâche librement acceptée. Par la sérénité du visage et par le calme profond de l'âme, certains propriétaires ressemblent à des cénobites. Ils se lèvent, travaillent, mangent et dorment avec autant de ponctualité que dans un couvent. Il est bon, après tout, qu'il y ait des caractères entiers, dont le frottement des villes n'ait point usé le tranchant. D'ailleurs, ce genre de vie développe un certain penchant au despotisme. Tout partage d'autorité paraît un empiétement, toute concurrence une rivalité. Quelques-uns conservent jusque dans la vieillesse des rancunes mal assoupies. Prenons-les tels qu'ils sont, à la fois tracassiers et bienfaisants, épineux avec leurs pareils, indulgents aux faibles, autoritaires avec les uns, libéraux avec les autres.

Dans ce gros village écarté, tout est en l'air aujourd'hui. On aperçoit un va-et-vient continuel entre la mairie, sorte de grange perchée au-dessus de la halle aux grains, et une petite maison basse qui occupe l'autre bout de la rue. C'est la demeure du maire, conseiller général, président du comice, secrétaire perpétuel de la Société d'agriculture et plus qu'à demi sénateur. Tandis que tant de dignités s'accumulaient sur sa tête, il a gardé, comme

Auguste, sa chaumière du Palatin et dissimulé sa dictature sous la simplicité du citoyen. Il paraît au milieu de son peuple. Sa haute taille est un peu voûtée : on dirait qu'il exagère le poids des ans pour se faire pardonner sa puissance. Son allure est pesante, mais ses petits yeux mobiles, enchâssés sous un front bombé, dénoncent une pensée toujours en mouvement. Il s'avance, suivi de la foule des courtisans. Le cortège grossit. Des chuchotements signalent l'arrivée de deux hobereaux qui saluent d'un air pincé, mais qui sont à leur tour entraînés par le courant. Quant à lui, satisfait d'avoir enchaîné les vaincus à son char, il triomphe avec modestie, et montre que le roi de France oublie les griefs du duc d'Orléans. Il s'est rallié de bonne heure aux institutions libérales, par le calcul d'un génie supérieur : la branche aînée de sa famille, dont la fortune est plus ancienne, perd son temps à briguer le suffrage des salons. Le chef de la branche cadette a voulu rester paysan ; il s'est orienté vers les régions officielles, comme l'aiguille aimantée vers le pôle.

Les autorités se montrent enfin sur le haut de la côte ; dans un nuage de poussière brillent les sabres de l'escorte. Les autorités mettent pied à terre et abordent avec empressement le patriarche du canton, qui a pour elles des inflexions de voix câlines. Il s'efface. Il n'est qu'un pauvre et rustique vieillard, et ne fait pas de cérémonie. Les autorités deviennent graves; elles se demandent de quel bureau de tabac, de quelles révocations le pauvre vieillard va leur faire payer son hospitalité. Le bruit de la fanfare couvre cet échange de compliments, et la foule s'achemine vers le bourg, à distance respectueuse, derrière l'état-major. Tout ce qui a du poids dans le canton prend place autour d'un déjeuner de gala. La maîtresse du logis fait les honneurs avec plus de résignation que d'enthousiasme. C'est une bonne petite vieille que tout ce bruit intimide. Elle jette un œil de regret sur le coin de fenêtre où elle coud d'ordinaire. Le bonnet éclatant qu'elle arbore semble ne pas tenir à sa tête. Ce sont deux pièces rapportées, qui jurent ensemble. Le bonnet chante un air de bravoure. La petite figure fatiguée et ridée murmure une vieille chanson mélancolique.

On commence à dévorer en silence. Aux deux bouts de la table, les ruraux, muets comme des poissons et presque aussi voraces, le nez dans leur assiette, promènent de temps en temps un regard sournois sur les autres convives. Les autorités montrent seules de l'aisance au milieu de l'embarras général, et, sans perdre un coup de dent, partagent habilement leurs attentions entre le maître du logis et ces autres figures rechignées qu'il faut conquérir. Bientôt la glace est rompue. Le vin rend les âmes transparentes et dessine les contours des caractères, comme à l'aide de certaines substances on fait reparaître une écriture effacée. Les autorités oublient de flatter leurs voisins pour se complaire dans la redondance de leurs paroles. Les partis hostiles font de petites coquetteries à l'administration. L'amphitryon lui-même se déride. Immédiatement la double rangée de ruraux, par sympathie, montre une quadruple rangée de dents blanches. L'instituteur, qui rêve une école-monstre, se lève et fait un discours : « Oui, messieurs, oui, je le déclare, je suis républicain! seulement à la manière des anciens Romains. (Stupeur générale.) Je suis pour la république des patrons. (Marques d'approbation dans le camp des ruraux.) Buvons à la santé de notre excellent conseiller général et protecteur... » Le toast est voté par acclamation. Mais le mot de république, adroitement évité jusque-là, jette un froid dans le camp conservateur. Au même moment, la fanfare, largement humectée dans un cabaret voisin, attaque avec furie les premières mesures de *la Marseillaise*. La foule en dehors trépigne de joie. La réaction se rembrunit. On se sépare un peu brusquement. La patriarche reste seul en face des autorités et se frotte doucement les mains. Il s'est prêté à une tentative de rapprochement avec les hobereaux du voisinage; ce n'est évidemment pas sa faute si elle a complètement échoué.

Voilà le grand propriétaire, avec ses défauts et ses qualités. Pour lui, comme pour les autres, l'influence repose sur des services rendus. Allez au fond des choses. Oubliez vos amusements futiles. Sous les distinctions artificielles que la civilisation a mises entre les classes, dégagez le fait primitif qui fait de la propriété une véritable association pour la conquête du sol. Vos associés, ce sont les centaines de bras qui s'emploient sur vos terres; c'est le fermier, que vous avez tort d'abandonner à ses propres forces; ce sont les petits propriétaires voisins, dont la collaboration vous est indispensable. Si vous pratiquez cette confraternité des intérêts, vous n'avez rien à craindre de la démagogie ni de l'intrigue. Si, au contraire, les neuf dixièmes du territoire français continuent d'appartenir à des citadins ignorants; si l'aristocratie territoriale ne montre ni esprit de conduite, ni énergie, ni aptitudes spéciales, alors le gouvernement des campagnes lui échappera définitivement et les cultivateurs délaissés se tourneront vers d'autres conseillers.

CHAPITRE V

BOURGEOIS ET PAYSANS

La plupart de nos conservateurs reconnaissent en soupirant que la démocratie est une puissance irrésistible, mais il leur est difficile de faire bon ménage avec elle. Ils se réveillent en sursaut toutes les fois qu'elle remue. Ils rêvent encore une société dont les grands propriétaires occuperaient le sommet. Au-dessous d'eux, dans une attitude respectueuse, se tiendraient les tabellions, médecins, gens de loi et de finance, trop heureux de faire antichambre au château. Plus bas encore les petits propriétaires et les fermiers auraient le droit de nourrir certaines ambitions, par exemple celle de devenir marguilliers, sous la condition expresse de ne jamais tourner les yeux vers les grandes villes. Enfin, dans le sous-sol, habiterait la foule des travailleurs à gages et autres croquants de même farine. Il va sans dire que ce populaire devrait être enrégimenté par les chefs d'emploi et s'interdire toute aspiration désordonnée.

Cet ordre, sans doute, est admirable : il n'a que le tort d'être absolument chimérique. La poussée est trop forte. L'esprit d'émancipation s'infiltre dans les institutions les mieux fermées. Il se précipite le long des chemins de fer, s'engouffre avec les locomotives à travers monts et vallées, vibre dans les fils télégraphiques. Il séjourne et s'accumule dans les villes populeuses, il en sort tout chargé d'électricité pour se répandre jusque dans les derniers villages. Tout lui sert de véhicule ou d'aliment : — l'école, qui éveille les cerveaux et les imprègne des passions du jour; — l'armée, qui entraîne les cultivateurs dans les garnisons lointaines et secoue, au seuil de la virilité, l'engourdissement de la vie rurale; — les journaux, distribués à foison, colportés et criés jusque dans les hameaux, sorte de clameur confuse où la vérité et l'erreur se mêlent à dose presque égale; — les commis voyageurs, débitant, avec leurs échantillons, les lieux communs et les paradoxes défraîchis; — les marchands d'orviétan politique, les programmes à sensation, les harangues, les affiches; — les ouvriers qui vont de village en village porter leurs bras; — les passants qui ne vont nulle part, errent d'un bout de la France à l'autre à la recherche d'une occasion et d'un morceau de pain, traînent dans leurs poches un vieux certificat d'indigence et mendient à la porte des préfectures, tout prêts, d'ailleurs, à soulever la plèbe contre l'autorité s'il y a quelque chose à gagner; — enfin, tous les agents insaisissables qui sèment ou récoltent le mécontentement, prêchent au paysan le dégoût de sa condition et le poussent vers les grandes villes par l'amorce d'un gros salaire, sans lui parler de la dépense, plus lourde encore. C'est ainsi qu'au moyen âge toute une population nomade, moines ou mendiants, charlatans ou prédicateurs, marchands de drogues ou chansonniers, allaient et venaient entre les petites communautés fixes et portaient jusqu'aux extrémités du territoire une étincelle de révolte ou de fanatisme [1].

Est-ce tout? Quand même il serait sourd aux voix du dehors, le paysan retrouverait dans son propre cœur l'inquiétude du siècle, le travail des pensées lentement écloses et des convoitises mal réprimées. Nomade, il l'est lui-même, d'intention, sinon de fait. L'esprit s'envole bien loin du sillon que trace une main trop pesante. Fier et indépendant, vous l'avez peut-être éprouvé à vos dépens.

1. J.-J. Jusserand, *la Vie nomade au moyen âge*. Hachette, 1884.

Ce n'est pas lui qui endosserait, comme en Angleterre, le vêtement usé du gentleman ou qui se confondrait en révérençes devant le ventre majestueux d'un grand seigneur. Il met plutôt un peu de malice à ne pas ranger trop vite sa carriole lorsqu'il croise le break du châtelain. On peut suivre de province en province le changement de ses allures et constater que, plus il se rapproche des grands centres, plus il devient récalcitrant au coup de chapeau. La même différence existe d'une génération à l'autre. Vous visitez une de vos fermes. Une petite vieille encore alerte vous accueille avec un sourire de déférence, avec une humilité touchante. Elle a deux accents dans la voix : l'un, bref et incisif, pour ses égaux; l'autre, attendri et béat, pour votre usage particulier. Elle se désole de n'avoir rien d'assez bon à vous offrir; elle se multiplie, tombe en extase devant vos bottes humides. Puis ce sont des retours vers le passé : — « Voilà cent ans, mon bon monsieur, que nos gens sont les fermiers de votre famille. » — Sa vanité d'un autre âge, greffée sur la vôtre, cite, comme titre de noblesse, un siècle de dépendance honorable. Cependant, le fils arrive à son tour et le ton change. Il vous observe et règle son maintien sur le vôtre : silencieux et narquois, si vous le prenez de haut; confiant, si vous le traitez en égal. La conversation s'engage : vous apprenez avec étonnement qu'il songe à prendre un autre métier, peut-être à s'expatrier. La ferme ne va pas mal, mais elle l'ennuie. Il donne des prétextes : les ouvriers sont rares, la récolte incertaine. Au fond, ce qui l'agite, c'est le besoin du changement. Il a un cousin à Montevideo; un voisin s'est établi boulanger à Paris et gagne « des mille et des cents ». Vous pensiez trouver une idylle dans une chaumière; vous rencontrez sous la blouse le tourment de l'inconnu dont vous souffrez vous-même.

Faites l'expérience n'importe où. Regardez les photographies pendues au manteau de la cheminée, entre la poire à poudre et le vieux fusil de chasse. Il y a beaucoup à parier que les fils, les frères, les oncles sont dispersés aux quatre coins du monde et dans toutes les professions. En présence de cette fermentation générale, les classifications les mieux établies disparaissent et les clôtures fragiles s'écroulent. En vain, quelque disciple naïf de l'excellent Le Play cultive dans une campagne reculée son petit système patriarcal. Il sent bientôt le sol trembler sous ses pas. Le souffle du dehors pénètre à travers les fenêtres closes. Ses vassaux, accablés de bienfaits, se lassent de le considérer comme un père et vont chercher fortune ailleurs.

Il serait intéressant de suivre l'essor des ambitions rustiques sur un terrain vierge. On verrait alors ce qu'elles peuvent donner, loin de la concurrence ou de la routine. A Buenos-Ayres, à Québec, sur quelques plages lointaines, partout où la bonne graine de paysan français a été portée par les hasards et les aventures, on verrait des colonies florissantes et libres. Vers 1830, une poignée de paysans bourguignons, conduite par un disciple de Fourier, s'établit à Jicaltépec, sur un des points les moins fréquentés de la côte du Mexique. Elle essaya sans succès du phalanstère; puis elle mit à la porte l'utopie et son prophète, et revint à la vieille méthode de la propriété divisée. Depuis lors, elle n'a cessé de prospérer et de s'étendre. Ce morceau de France, cet aérolithe, échappé à notre masse incandescente, s'est dépouillé de toutes ses scories : plus de jalousies, de rancunes, de déboires, ni de discordes civiles. Les Bourguignons transplantés ont de l'initiative et de la gaieté, du courage et de la franchise. Ils se marient entre eux. Les familles ne craignent pas de multiplier, la race est plus forte, plus grande, plus belle que dans la mère patrie.

Chez nous, au contraire, que voit-on ? Une population ignorante, dispersée, façonnée depuis des siècles à la servitude, esclave volontaire de la glèbe depuis qu'elle est affranchie des seigneurs et souvent déformée par un travail abrutissant. Il semble que son ambition conspire contre elle en l'isolant davantage. Rivée à l'intérêt le plus étroit, elle piétine sur place à la manière de ces chevaux auxquels on bouche les yeux pour leur faire tourner une meule. Elle est obstinée et timide, défiante et taciturne. Quand elle atteint enfin le bien-être, elle en jouit en avare, et, au lieu de s'épanouir largement au soleil, elle s'empresse de limiter le nombre des enfants appelés à partager cette aubaine : de sorte que les provinces les plus riches sont frappées d'une sorte de défaillance morale et que le ver devance la maturité du fruit. Veut-on l'instruire, c'est à peine si l'on peut lui inculquer à la hâte quelques notions d'écriture et de calcul pendant les heures trop courtes qu'elle dérobe à la terre. On livre au pédagogue des enfants en bas âge, et quand on rend des hommes à la conscription, plusieurs savent à peine signer leur nom sur les feuilles du recrutement. Allez donc confier des leçons d'histoire et de civisme à de pareilles mémoires! J'assistais un jour à une réunion électorale composée de vieux paysans. Des fronts fatigués, crevassés, cuits et recuits par le hâle, des joues creuses, des yeux vides, des dos voûtés : telle était cette assemblée de citoyens. Les phrases pompeuses de l'orateur semblaient une amère dérision. Autant offrir de la viande saignante à des convalescents qui seraient au régime du lait. « Vous êtes libres, disait-on, vous êtes les maîtres! » — Ils hochaient tristement la tête, montrant leurs blessures, comme les vétérans de César. « Lisez-vous quelquefois? — Jamais! — Avez-vous appris à lire? — Oui, mais nous avons oublié. — Vous auriez pu vous abonner tous ensemble à un journal? — Nous n'avons pas le temps. — Bah! on a toujours le temps : on lit en allant à son travail, ou dans les veillées d'hiver, au coin du feu. » Les braves gens ne savaient que répliquer. Ils courbaient la tête, semblables à de vieux écoliers pris en faute. Leurs mains, ces pauvres mains, couvertes de cicatrices, répondaient pour eux. Elles disaient clairement : « Hélas! nous n'avons même pas laissé au cerveau le loisir de penser. »

Le jour du marché, un paysan pénètre avec un air presque honteux chez le libraire d'une petite ville. On dirait qu'il commet une mauvaise action. Il ne s'attarde pas à la vitrine. Il tourne entre ses doigts sa pièce blanche, et demande le *Mathieu de la Drôme* de l'endroit; on lui tend une petite brochure mal imprimée, à couverture jaune ou rouge : il s'en saisit et disparaît. Voilà la lecture de famille pour les soirs d'hiver. Le grand-père met ses lunettes, les enfants forment le cercle et on écoute : quoi? Rabelais nous l'apprend, car nos ancêtres étaient très friands d'almanachs : « Cette année, les aveugles ne verront que bien peu, les sourds entendront assez mal, les muets ne parleront guère, les riches se porteront un peu mieux que les pauvres, et les sains mieux que les malades... » Le même jour, à la même heure, on lit, sous la coupole de l'Institut, un mémoire lumineux : à quelques lieues de là, on se nourrit encore des billevesées du xve siècle.

Il faut en prendre son parti. A l'exception des journaux à un sou, et des plus violents, la plupart de nos écrits n'arrivent pas jusqu'au peuple des campagnes. Nous ferraillons par-dessus sa tête. Le véritable intéressé entend à peine l'écho lointain des querelles de plume. Les publications prétendues populaires s'arrêtent en chemin. La meilleure de toutes, *le Magasin pittoresque*, n'a guère dépassé les rangs de la petite bourgeoisie, ou des artisans les plus éclairés. Quant aux recueils à visées politiques, tels que *le Père Gérard*, avec leur feinte bonhomie, leur enfantillage vieillot, leur optimisme sempiternel, nos paysans sont bien trop défiants pour leur accorder le moindre crédit. Sous prétexte de les éclairer, on les représente là plus lourds, plus obtus, plus paysans qu'ils ne sont. Ce pédant insupportable est bien le personnage le moins fait pour leur plaire. Comme ils connaissent mal Jacques Bonhomme, les plumitifs qui, pour le convaincre, commencent par le coiffer d'un gigantesque bonnet de coton, sorte d'éteignoir qui symbolise « l'obscurantisme ! » Les journalistes ressemblent, en pareil cas, à ces grandes personnes maladroites qui *parlent bête* pour se faire comprendre des enfants. Ceux-ci préfèrent l'accent viril au zézaiement des sots qui cherchent à les imiter. De même, les ruraux n'aiment pas qu'on prenne un air trop rustique pour leur adresser la parole. Si l'on a l'air de se moquer d'eux, ils entrent dans la farce, et jouent un rôle qui n'est pas à l'avantage de maître Pathelin.

Deux nations ont vécu juxtaposées sur le même territoire : l'une accessible aux idées générales, reliée facilement au centre, pesant, par l'opinion publique, sur les destinées de l'État, avant qu'elles lui fussent directement confiées ; — l'autre passive, entraînée dans des conflits qu'elle ne comprenait pas, dotée de libertés qu'elle ne demandait pas, soulevée quelquefois, aux grandes crises de notre histoire, par ces frissons qui renversent un monde, et retombant ensuite dans son apathie. Les hommes d'État marchent à la découverte d'un pays inconnu, car un paysan n'a pas la cervelle construite comme celle d'un bourgeois. Regardez ces deux êtres : ils sont l'un pour l'autre un sujet perpétuel d'étonnement. L'un, de solide complexion, carré, réfléchi dans ses allures, soigneusement rasé à l'ancienne mode; — l'autre, plus élancé, un peu étroit d'épaules, les mains et le visage effilés, mobile, cherchant à se composer une tête par une coupe savante de la barbe et des cheveux, les yeux toujours fixés sur quelque miroir invisible, suant par tous les pores les idées générales. L'un interroge plus qu'il ne parle; ou s'il se noie dans un discours plaintif, c'est pour amuser le tapis : d'ailleurs, rude et anguleux. L'autre disserte et tranche; il donne comme une trouvaille personnelle la leçon apprise par cœur. Il est, selon les cas, banquier, avocat, fonctionnaire, mais rarement un homme. Le frottement de la profession l'a poli, usé sous toutes les faces, comme le roulement du flot arrondit le galet. Le mélange de ces deux types est nécessaire à la démocratie ; cependant quelle difficulté pour s'entendre, lorsque l'on n'a ni le même cœur ni les mêmes pensées !

Les voici en présence. Le bourgeois s'efforce d'expliquer sa politique au paysan. Le terrain de la discussion se dérobe. Le lettré s'empêtre dans les langes de ses abstractions : son raisonnement se heurte à une dialectique enfantine et serrée. Alors il se lance dans les phrases, et il s'aperçoit qu'il prêche dans le désert. Quelquefois l'autre est un malin compère et fait *poser* le bourgeois. Il devient beau parleur et prie humblement qu'on lui démontre en quoi la liberté de la presse favorise la vente de ses blés. Pour le paysan, la discussion politique est un art d'agrément, une manière de tuer le temps quand il pleut. A la fin, le bourgeois se sent mystifié. — Pensez-vous, dit Hamlet à Rosencrantz, qu'on joue de moi comme d'une flûte? — La question est justement de savoir qui sera un instrument sous les doigts de l'autre, et, dans ce duel, le plus instruit n'a pas toujours l'avantage.

Les beaux esprits ont horreur du lieu commun : c'est tout simple. Dès le collège, ils ont été forcés de le dévider, en mauvaise prose ou en plus mauvais vers. Ils font partie d'une société où l'on se comprend à demi-mot. Ils adorent le sous-entendu. Le gros bon sens leur donne des nausées. Si, par hasard, ce qu'à Dieu ne plaise, l'envie les prenait d'entrer en relation avec nos campagnards, leurs demi-sourires, leurs figures de langage entortillées seraient peine perdue. Eh quoi! personne pour admirer leurs affectations savantes? Non, ils sont chez des Hottentots. Ils fuient au plus vite, laissant la place aux tribuns fortement embouchés. Ceux-ci ne craignent pas le mot propre, qui est quelquefois le mot bas. Ils habillent les idées de couleurs voyantes et même criardes. Quand la pensée est trop subtile, ils inventent une petite histoire, à l'exemple de cet illustre agent électoral qu'on appelait Menenius Agrippa. Si les bonnes raisons font défaut, ils crient encore plus fort. Surtout, ils développent avec aplomb les thèmes favoris qui nous paraissaient épuisés jusqu'à la lie. Le succès leur donne raison : ce qui est lieu commun pour nous est nouveauté pour l'intelligence rurale. La langue des salons est une algèbre, c'est-à-dire une collection de formules dans lesquelles se trouve condensée une somme énorme d'idées générales. Le paysan comprend ce qu'il peut voir et toucher. Il faut donc décomposer la formule : travail rebutant pour les délicats. Ces derniers l'abandonnent à des esprits médiocres qui faussent l'histoire à plaisir, à des charlatans de foire, qui noient le bon sens populaire dans un torrent de phrases.

Tous les Français sont égaux, dit-on. Il n'y a plus de classes. Que signifie ces mots de bourgeois et de paysan? Ils n'ont plus de sens dans notre langue. Ils s'appliquent à des distinctions effacées. — Mais les mœurs sont ingénieuses à rétablir les barrières. Nous en citerons un tout petit exemple. Dans l'incertitude des conditions, il fallait trouver une frontière assez précise pour marquer où commence la bourgeoisie, et telle cependant que personne ne pût désespérer de la franchir. Serait-ce la fortune? Elle ne suppose pas toujours l'éducation. La manière de vivre? C'est prendre le terme de bourgeois dans le sens que lui donnent les cochers, à savoir la personne qui est traînée par opposition à celle qui traîne. On dit aussi, dans les campagnes : une maison bourgeoise, un habit bourgeois ; et ces signes souvent trompeurs de l'opulence indiquent tout au plus une candidature à la bourgeoisie. On aurait pu recruter celle-ci par des examens difficiles, comme en Chine, mais la mesure eût paru bien aristocratique. Les diplômes ne sont à la portée que du petit nombre. L'usage a fait mieux : il a inventé un certificat d'instruction assez facile à acquérir, une monnaie courante de la valeur intellectuelle, moins précieuse que l'or, moins vile que le cuivre, et qui permet de distinguer un bourgeois d'un manant. Il fallait un ensemble de règles assez compliquées pour dérouter la logique d'un homme fait, assez élémentaires pour qu'un enfant pût les apprendre par cœur ; une analyse de la pensée traduite par des concordances subtiles, mais indiscutables ; des locutions irréductibles qu'il fût impossible de deviner sans les avoir apprises, — en un mot, l'orthographe. Toutes les taquineries imaginées par la loi sur l'enseignement primaire sont des jeux d'enfants auprès de cette enquête perpétuelle ouverte par l'opinion sur le degré d'instruction de chacun. La faute d'orthographe est un péché véniel : mais il en est de cette lacune comme de la légère tache brune qu'un Américain découvre sous l'ongle du métis. C'est une démarcation sociale, avec cette différence qu'on peut apprendre l'orthographe, tandis que tous les parfums de l'Arabie ne peuvent enlever la petite tache du négrillon. « Enseignez-moi l'orthographe! » dit M. Jourdain à son maître de philosophie. Cet aspirant gentilhomme n'est même pas bourgeois : il lui faut retourner aux éléments.

Notez que ce préjugé est d'origine essentiellement bourgeoise : autrefois, un grand seigneur ne se piquait pas d'orthographe. Ce sont les robins et les gratte-papier qui ont établi ces règles minutieuses après avoir, pendant plusieurs siècles, noirci le vélin pour le compte d'autrui. On s'étonnait encore, au XVIIe siècle, que « la grammaire pût régenter jusqu'aux rois ». Du jour où le tiers état envahit tout, la noblesse dut subir cette tyrannie roturière. Les caprices de la langue devinrent d'autant plus exigeants que la société était plus démocratique, puisqu'ils fournissaient la seule distinction extérieure qui subsistât entre les citoyens. On sourit des libertés qu'un parvenu prend avec la grammaire; mais il faut songer qu'un homme peut avoir toutes les qualités d'action, le sang-froid, l'énergie, l'art de conduire ses semblables; qu'il peut joindre à ces dons naturels plus de connaissances pratiques et de valeur morale que n'en ont les fruits secs des professions libérales, et qu'avec tant de causes de succès il sera peut-être arrêté dans sa carrière par ce seul fétu de paille.

Foin de la bourgeoisie! disent les démagogues. Moquez-vous de son orthographe, de ses phrases, de sa noire livrée; soyez franchement peuple. — Le conseil est peut-être bon, mais les paysans ne paraissent nullement disposés à le suivre; au fond, les ouvriers ne le sont pas davantage. La bourgeoisie, dépouillée de toutes ses défenses accessoires, sans traditions, sans propriété, sans hiérarchie, reste encore le centre de tous les efforts. C'est un type dont chacun tend à se rapprocher. Les plus forcenés, lorsqu'ils ont rempli la place publique du tapage de leur querelle, s'ils peuvent réaliser quelques économies, viennent à petit bruit se glisser dans nos rangs. Les chefs du parti populaire roulent carrosse, touchent leurs rentes, et leur bonne figure satisfaite reparaît sous le masque du tribun. Notre démocratie, à son insu, est bourgeoise jusque dans les moelles.

Nous connaissons maintenant le but de l'ambition rurale et les étapes à franchir. Quels sont les auxiliaires dont elle se servira?

CHAPITRE VI

LES COQS DE VILLAGE

Plus la distance est grande des bourgeois aux paysans, plus les idées doivent se transformer en gros sous pour circuler dans les campagnes. Elles passent entre les mains d'une foule de petits intermédiaires, d'honnêtes courtiers, paysans dégrossis, demi-bourgeois, gros marchands ou commis. En apparence, chacun ne suit que son intérêt. En réalité, chacun découpe les notions supérieures pour les débiter en détail, et distribue autour de lui des morceaux de raisonnement qu'on avale sans y prendre garde. Les lettrés redoutent le contact de ces agents subalternes et médiocres. Les politiques les subissent et s'en servent. Les philosophes les considèrent comme des facteurs essentiels de la civilisation. Voyons d'abord ceux qui sortent directement du peuple, et commençons par les plus humbles.

Pourquoi les gens d'esprit voyagent-ils rarement

en troisième classe? Les banquettes leur sembleraient un peu dures; mais ils se procureraient à bon marché cette expérience directe des hommes, ces leçons de choses qu'ils recommandent dans leurs écrits. Sans doute il est gênant de respirer l'odeur d'un tabac inférieur et d'entendre ses voisins causer très haut de leurs affaires. Peu à peu, cependant, on finit par prêter l'oreille. Il est rare que la conversation ne tourne point à la politique. C'est alors un singulier mélange de bon sens et de divagation. C'est surtout une manière de mâcher et de remâcher la même pensée, au point de la réduire en petite boule qui puisse pénétrer dans l'intellect le plus obtus. Les mots pittoresques jaillissent comme des traits de lumière dans le crépuscule. Ces expressions d'argot ou de patois, il faut être du peuple pour les rencontrer. Le goût de la propagande étant inné chez tous les Français, il n'est pas de sous-officier qui ne soit prêt à déverser sur le simple soldat le trésor de ses réflexions. Rappelez-vous dans *Bellah* l'enseignement pratique distribué par le sergent Bridoux au conscrit Colibri, et l'admirable théorie de « l'effet moral »; ou bien, dans les livres d'Erckmann-Chatrian, les phrases sentencieuses des oracles de village. Voilà le ton qui convient. On peut en faire des pastiches plus ou moins habiles, mais, pour se servir de cette langue, il faut la parler de naissance. Un homme de salon qui s'exerce à cette gymnastique, y gagne une courbature. Il est forcé de prendre des interprètes dans la classe inférieure.

Un charretier se lève à la pointe du jour, dans la plus rude saison. La bise lui souffle au visage, engourdit ses mains et sa cervelle. Il va devant lui sans penser à rien qu'à ses chevaux. Il se repose un instant, ou plutôt il se laisse tomber sur le banc d'une auberge. Tandis que le vin du matin le ranime, l'hôte lui parle de la pluie, du beau temps et des affaires publiques. L'hôte est un penseur, car il se lève tard, et réfléchit dans son lit. Son bonnet à oreilles de loup, tantôt enfoncé gravement sur les yeux, tantôt rejeté gaillardement en arrière, est un thermomètre politique et social. A le voir, on devine comment vont les choses. Le manœuvre se sent fasciné. Il écoute, en regardant les images grossières pendues au mur : c'est tantôt l'héroïne du siège de Saragosse debout sur des remparts fumants, tantôt une bataille dans laquelle des soldats bien astiqués s'embrochent avec un sourire sur les lèvres; peu importe la naïveté de l'exécution. Quand notre homme se lève et reprend son fouet, il a entrevu un horizon plus large que sa misérable destinée; il s'en va par les chemins, en ruminant les phrases de l'aubergiste.

Entre l'homme qui vit au grand air, supportant le poids du jour, les muscles raidis sous l'effort, les mains durcies, le front rougi par le hâle, indifférent à la pluie et au soleil, et celui qui remue des brocs dans la fraîcheur d'une cave ou qui cuisine à l'aise devant son foyer, la partie n'est pas égale. Le premier sort tout droit des âges primitifs. Le second est un produit de la civilisation. En rinçant ses verres, il compare et médite. Immobile en apparence, il voit passer dans le cadre de sa porte le tableau changeant du monde. Les voyageurs lui apportent un peu de la poussière des grandes routes. Il sait les nouvelles de Chine et les commérages de la rue. Dans ses accès de bruyante gaieté, il est arrêté par une de ces réflexions philosophiques qui déforment si drôlement les bonshommes de Teniers. Comme eux, sa pipe dans une main, sa cruche dans l'autre, il s'enfonce tout à coup dans un abîme de pensées, penchant la tête, plissant le front, tordant la bouche, à moins que toute cette philosophie ne s'évapore à la française en joyeux propos.

Nous sommes à coup sûr des personnages très moraux et très éclairés; mais nous ne savons comprendre ni les besoins ni les joies du peuple; c'est ce qui le dispose si mal à nous écouter. Une douzaine de moralistes, après avoir grassement dîné à leur cercle et risqué quelques louis sur le tapis vert, déclament contre la plaie des cabarets. Quel pays! quelles mœurs! Ils s'attendrissent au souvenir d'un âge évangélique qu'ils n'ont jamais connu; car, s'il s'agit des Bretons, par exemple, il faudrait remonter jusqu'à saint Dunstan pour les trouver sobres. Mais les Bretons pensent bien. Ils « chopinent théologalement ». Ce qui inquiète nos conservateurs, c'est le bruit, l'indiscipline, l'ivresse capiteuse et frondeuse du cabaret, les idées qui s'entre-choquent dans les fumées du vin. Combien ils seraient plus indulgents pour un honnête citoyen qui s'enivrerait à huis clos, à l'anglaise! Cependant, il faut aux pauvres gens une soupape, une détente. Ces vitres qui s'éclairent le soir, toutes couvertes d'une buée de chaleur, et sur lesquelles se détache en grosses lettres le titre de *Café du Centre*, n'est-ce point, au village, le mouvement, la vie sociale que nous demandons au club ou ailleurs? Étrange contradiction! Des amateurs se pâment devant un Teniers ou un Steen. « Voilà, disent-ils, la vérité, l'exubérance et la force. Les grands artistes seuls ont compris la joie populaire. » — Et ces mêmes hommes s'indignent si la démocratie mène sa kermesse à la porte de leur château! Ils ne peuvent supporter leurs semblables qu'en peinture. Dès qu'ils ont affaire à des êtres de chair et de sang, cette large sympathie se resserre et s'éteint. Il ne reste qu'un bourgeois grognon qui se cache derrière les gendarmes. Quel tapage, cependant, quel charivari démocratique, si toutes les bouches ouvertes d'un tableau de Jordaens se mettaient à crier!

Il y a au Louvre, dans la galerie La Caze, un tableau de Lenain qui ne tire point l'œil. Trois manœuvres en guenilles sont assis autour d'une table : l'un éreinté, les mains sur les genoux, n'a même plus la force de se réjouir; l'âme du second est concentrée dans son verre; le troisième, au moment de boire, suspend son geste, en écoutant le refrain d'un ménétrier : ses traits s'éclairent d'un sourire mélancolique. Tout à l'heure ces bras noueux vont reprendre la pioche; mais le cabaret aura procuré à chacun, selon l'état de son âme, un instant de relâche ou un rayon de lumière.

C'est une question de savoir si le progrès des mœurs politiques diminuera l'influence des cabarets. Nous avons été bercés par de belles et nobles phrases que des théoriciens polissaient dans le silence du cabinet. Tant que la liberté est restée dans les livres, elle a gardé sa virginité. Un Tocqueville, évitant de salir son style, a pu écrire trois gros volumes sur la démocratie sans évoquer une seule image triviale. Il engage les hommes à se voir, à combiner les moyens d'exécution. Il faut, dit-il, que « les opinions se déploient avec cette force et cette chaleur que ne peut jamais atteindre la pensée écrite ». Et tout un auditoire cultivé s'empresse d'applaudir. Mais à l'enfantement des hautes conceptions succède l'âge de l'action. Des empiriques, des orateurs de carrefour qui n'ont jamais lu Tocqueville, organisent la liberté comme ils peuvent. Ils poussent les citoyens à se sentir les coudes; ils prononcent des harangues dans les cabarets. Aussitôt la phalange libérale se voile la face. — Ce n'est point ainsi que nous comprenons la liberté. Nous ne voulons pas qu'on la traîne dans le ruisseau. — Que voulez-vous donc? comment concevez-vous le gouvernement du peuple par lui-même? Devra-t-il délibérer dans les clairières des forêts, à la manière des anciens Germains? ou bien s'assembler sur la place publique, pour entendre de beaux discours comme à Rome ou à Athènes? Donnez-lui donc aussi le climat d'Athènes ou de Rome. Sous notre ciel brumeux, avec nos mœurs casanières, le forum est là, autour de ces tables boiteuses, au milieu de la tabagie. On se dispute, on vocifère, mais de ce vacarme sortent les vœux que les représentants de la nation convertissent en formules précises. La philosophie allemande n'a point eu d'autre berceau et la politique anglaise est conduite par des brasseurs. M. Gladstone sait ce qu'il en coûte de les mécontenter. Cependant l'Angleterre est, aux yeux de l'école, la terre classique de la liberté. Alors pourquoi reculer d'horreur devant les cabarets? Au fond, notre libéralisme est un vernis léger qui s'écaille au premier choc. Il nous faut une liberté correcte, à l'usage des messieurs en habit noir et en cravate blanche.

Par un juste retour de fortune, à mesure que le nombre des cabarets augmente, l'influence personnelle des cabaretiers diminue. On rencontre encore, dans certains pays écartés, l'hôte à la Walter Scott, patriarche ventru qui tient le haut bout de la table; il est à la fois voiturier, cultivateur et marchand. L'auberge alors est un caravansérail où se concentre tout le mouvement de la contrée; le maître du lieu tient le fil de toutes les intrigues. Souvent une calvitie précoce révèle sa puissance intellectuelle. Les partis recherchent avec empressement sa clientèle; de là cet air d'importance qu'on lit dans son triple menton. Il les attend chez lui, se fait longtemps prier; il joue volontiers le rôle du sphinx. Le préfet fonde de sérieuses espérances sur une note exorbitante qu'il a payée sans sourciller le jour de la revision. Le candidat de l'opposition a des promesses. Notre homme serait bien sot de se prononcer avant l'heure. Ses hésitations lui font des rentes. Hélas! tout empire est caduc, et celui-là, comme celui d'Alexandre, s'affaiblit par les partages. Depuis qu'une loi imprudente a supprimé le contrôle administratif, les débits sortent de terre. En face même de l'auberge, se dresse la concurrence d'un méchant aventurier, sans ramification dans le pays. C'est le rendez-vous de tous les mauvais garnements, le quartier général des radicaux. On y chante, on y boit une partie de la nuit, et l'écho de l'orgie trouble les rêves paisibles de l'hôtelier. Dans les bourgs populeux, cette honnête industrie se subdivise encore plus. Toute une engeance de petits cabaretiers avides et chétifs, serviteurs dociles des ivrognes, s'en va claudicant, vociférant, glapissant. Ils sont hargneux ou serviles, plaintifs ou mauvais coucheurs, et violents de langage parce qu'ils n'ont point de consistance. Ils poursuivent de futiles doléances les candidats qui ont la bonté de les prendre au sérieux. Afin de jouer un rôle, ils forcent la note du pays. Ce sont eux qui inventent les programmes téméraires et qui les propagent. C'est leur figure de roquets affamés, c'est leur trogne impudente qui passe devant les yeux du député au moment qu'il vote. On dirait une meute lâchée pour aboyer après les consciences et les pousser hors du droit chemin. Tristes organes de l'opinion publique! — Mes électeurs l'ont voulu, dit un honorable. —

Non pas eux, mais une vingtaine de braillards déconsidérés, qu'on mettra demain en faillite. C'est confondre le contenu avec le contenant, l'auberge avec l'aubergiste. Il faut aux électeurs un lieu pour se réunir. Mais ce pied-plat, qui empoche leur argent, ne gouverne point nécessairement leurs âmes.

Toutes ces petites influences de clocher montent ou descendent, suivant l'offre et la demande des idées générales. Quand celles-ci sont rares, on n'est point difficile sur la qualité. On va en prendre chez l'unique commerçant du village, qui débite sa maigre provision de philosophie, avec son poivre et sa toile imprimée, jusqu'au jour où les émissaires des grandes villes font pénétrer dans les campagnes un produit supérieur. Malheureusement, les figures médiocres sont les premières qu'on aperçoit. Ces borgnes parmi les aveugles ont quelque loisir, une demi-instruction. Les cultivateurs s'en servent tout en les méprisant; et les gens du dehors, qui veulent nouer des relations avec les chaumières, sont bien forcés de les employer. Au fond, ces patrons verbeux, ces grippe-sou, ces porte-balle ne sont que des bourgeois manqués. Ils n'ont point la solide complexion du laboureur, ni cette noblesse que le travail au grand air imprime sur les traits. Leur geste est court, leur allure sautillante. Ils ont les défauts de la classe supérieure : faconde, timidité, indécision, mais aucune de ses qualités. Ils sont, à l'espèce des villes, ce qu'un sauvageon dégénéré est à un bon pommier de rapport. Ils contribuent à faire de la politique une vilaine besogne. Un candidat qui leur distribue trop de poignées de main se dégoûte promptement du métier. Création transitoire, destinée à disparaître, à mesure que l'instruction se répand davantage; nains contrefaits, êtres hybrides, gnomes et lutins qui pullulent dans les ténèbres, mais que l'aurore du vingtième siècle chassera devant elle, pour faire place à des créatures plus solidement organisées.

Déjà l'on voit surgir, dans les campagnes, des hommes autrement trempés pour la lutte : paysans par la structure, par la patience, par l'adresse des mains; bourgeois par la mobilité du regard et par l'étendue d'esprit. Chez eux, le travail du cerveau n'a pas fait du corps un simple appendice drapé de noir. Combien de fois leur conversation pittoresque m'a délassé du bavardage des villes! Quelques-uns, plus sages que les autres, renoncent à toute ambition. Ils ont tâté de la science; ils se sont fait recevoir médecins, puis ils sont rentrés au nid paternel avec la résolution de n'en point sortir. Il m'a été donné de connaître un de ces philosophes champêtres. Ce vigoureux garçon, possesseur d'une toison crépue et d'un cou de taureau, avait des délicatesses de jeune fille. Comme la réalité surpasse quelquefois le roman! Il ne ressemblait guère à la race des révoltés et des déclassés, au Bénédict de George Sand ni à cet odieux Julien Sorel de Stendhal qui, aujourd'hui, paraît-il, fait école. Il était impossible d'être plus simple. Son immense savoir, au lieu de lui tourner la tête, lui avait enseigné le prix des moindres choses. Bien souvent nous avons erré ensemble dans les sentiers bordés de haies. Il déchiffrait dans un caillou l'histoire du globe. Nous rapportions à la maison d'étonnantes découvertes, une plante rare, la carcasse d'une bête dépouillée par les fourmis. Ces curiosités composaient une sorte de musée dans un grand logis où les rats couraient derrière des restes de tapisseries à ramages. Insensiblement, le voisinage de cette flânerie intelligente calmait la fièvre des grands chemins qui nous tient tous un peu. Il était admirable avec ses proches. Ce savant parlait le patois natal et se mettait sans effort à la portée des humbles. Sa mère, une vraie paysanne ambitieuse, rêvait pour lui de hautes destinées : il l'apaisait avec un mélange d'autorité et de douceur. Ses oncles, ses tantes étaient gens de mince étoffe : à force de simplicité affectueuse, il comblait les distances, effaçait les disparates. Il savait les belles histoires de son pays, la source où Mélusine retrempe son éternelle jeunesse; le manoir authentique d'un des innombrables Barbe-Bleue. Il racontait cela sans raillerie, faisant comprendre la poésie cachée sous la vie monotone du paysan, filet d'eau qui se perd dans les herbes, mais qui répand encore une exquise fraîcheur. Assurément, nul homme n'est mieux fait pour ménager la transition de l'âge légendaire à l'âge moderne. Au lieu de secouer brusquement le dormeur, il le prend doucement par la main, et le conduit, par des nuances insensibles, du songe à la réalité.

La famille des ambitieux est plus nombreuse, elle y met moins de façons ; mais aussi son action s'étend plus loin. Qui pourrait suivre les trames compliquées, les alliances offensives ou défensives, les combinaisons d'intérêts qui se nouent et se dénouent dans les campagnes, penserait aux traités de Westphalie et à la confédération du Rhin. Qu'importe la grandeur du cadre? Il faut presque autant de génie pour manœuvrer dans un canton que sur la scène du monde. Et il est bien inutile d'imaginer, comme Balzac, de ténébreuses conspirations. Quoi de plus légitime que l'influence d'un gros marchand de grains qui prête à ses voisins et leur achète la récolte sur pied? Il ne prélève point d'intérêt exorbitant, il prend à sa charge les risques de l'entreprise et enlace tout le pays dans un réseau d'obligations mutuelles dont il tient le nœud central. « Devez-vous toujours à quelqu'un? dit Panurge. Par icelui sera continuellement Dieu prié vous donner bonne, longue et heureuse vie; craignant sa dette perdre, toujours bien de vous dira en toute compagnie. » Notre rustique partisan doit à tout le monde et tout le monde lui doit. Il est sérieux, appliqué, hardi en spéculations, délibéré dans les manières, mais surtout dévoré du besoin d'agir. Vraiment fils de ses œuvres, c'était à l'origine un simple mitron qui pétrissait la pâte. Chaque pas en avant a été un coup de partie dans lequel il pouvait tout perdre. Il n'a jamais tenté l'impossible, mais il ne s'arrêtera qu'à la mort. Avec cela, nulle sotte vanité ne soutire ses forces. Déjà riche, son intérieur est celui d'un paysan : sa femme fait la cuisine. Il n'en rougit nullement et vous convie avec une dignité tranquille à vous asseoir à la table de famille, dans la grande salle carrelée, en face d'une soupe aux choux qui fume sur une grosse nappe parfumée de lavande. Que d'embarras il s'épargne en retardant le jour où il faudra mener l'existence bourgeoise, mettre le plus clair de son revenu dans son loyer et dans ses meubles! Ce solide parvenu tient au peuple par toutes ses fibres, et n'en est que plus puissant.

CHAPITRE VII

LA PETITE VILLE

Il est une classe de la nation qui, depuis plus de deux siècles, semble concentrer sur elle tous les traits de la satire. Molière a ouvert le feu en offrant aux railleries de la cour les Pourceaugnac, les Sotenville, les Escarbagnas, les George Dandin et les Arnolphe qu'il avait rencontrés en poursuivant son roman comique à travers les villes de France. Depuis lors, ces types immortels ne font que changer de costume et de prétentions ; mais toutes les fois qu'ils reparaissent dans leur gaucherie provinciale, une longue fusée de rire les accueille d'un bout à l'autre de la capitale. Le roman de mœurs s'en empare et s'en délecte. On commence par la description d'une petite ville et l'on ne manque pas d'opposer au charme du site les travers des habitants. Plusieurs centaines de volumes peuvent se résumer dans cette phrase de La Bruyère, que Balzac a prise pour épigraphe : « Je me récrie et je dis : Quel plaisir de vivre sous un si beau ciel et dans un séjour si délicieux! Je descends dans la ville, où je n'ai pas couché deux nuits, que je ressemble à ceux qui l'habitent : j'en veux sortir. » Parfois la critique devient amère et tourne au drame. Le dos rond et débonnaire de M. Bovary, cause première de ses infortunes conjugales, a des conséquences si terribles qu'on en frémit. Plus gai, mais encore plus grotesque, apparaît le défilé des provinciaux ahuris, hébétés, phraseurs solennels, admirateurs maladroits, que la fantaisie des vaudevillistes promène à travers des aventures étourdissantes. Cette veine est tellement inépuisable, le succès si certain, qu'on a vu des écrivains draper leur ville natale pour faire pouffer la galerie et conquérir leur droit de cité dans les lettres en livrant à la risée publique la petite patrie dont ils imitaient plaisamment l'accent et les rodomontades. Il n'est pas étonnant, après cela, que les jeunes filles refusent de se marier en province et n'aient pas plus de goût que Marianne pour visiter « Madame la baillive et Madame l'élue ».

A ne voir que la surface, la satire a raison. Ce sont toujours les mêmes salons moisis où l'on vous invite à garder votre chapeau sur la tête; les housses éternellement jetées sur des élégances surannées; les cheminées dont la fumée vous aveugle quand, par hasard, on les allume; les aigres médisances, les fades romances d'Henrion; les demoiselles en saules pleureurs, les grosses mains qui se débattent dans des gants trop étroits; les piques pour les visites non rendues; les petites fêtes insipides et les bas-bleus de province, les vieilles filles naïves et romanesques qui pondent des romans édifiants. Cet aspect de la comédie humaine n'a guère changé. Vainement les femmes s'efforcent de suivre les modes de la capitale et font venir leurs robes de Paris. Presque toujours elles n'ont ni la grâce, ni l'esprit d'à-propos. Si l'on porte des boucles sur la tête, ce ne sont plus des cheveux : c'est une toison. Si les chapeaux grandissent, c'est un assaut de pyramides qui relèguent le visage au point géométrique où devrait naître la poitrine. Les plus spirituelles ne s'en aperçoivent pas : elles vivent trop loin de ce courant dont l'harmonie changeante reflète la couleur du temps.

Ainsi des hommes pour les manières et pour les idées. Ils sont rudes, et, malgré eux, frottés de paysan. Ils prennent l'habitude de vivre en galoches, et à la cuisine plus souvent qu'au salon. Ils suppriment ainsi les cloisons sociales, sauvegarde de la dignité bourgeoise. Poussez-les tout à coup dans un bal, parmi les lumières, le velours et la soie, sous le feu des regards moqueurs et des rires étouffés, ils iront, marchant sur la queue des robes, écrasant les bottes vernies, rentrant le cou, balançant les épaules, semblables à de gros papillons de nuit qui se heurtent contre une vitre. Leurs opinions ne sont pas moins surannées. Presque toujours, ils vivent sur le fonds intellectuel qu'ils ont acquis pendant leurs années d'étudiants. Selon l'âge et la date, ils en sont à Béranger, à Lamartine ou à Lélia. Les vieux s'expriment dans le style sonore qui était de mode en 1848. Les jeunes, qui se croient très avancés, relisent, dans des bouquins tout piqués de taches d'humidité, les anciens pamphlets révolutionnaires. D'autres ne connaissent que leur journal. Aussi leur bagage intellectuel s'amincit d'année en année. Ils croient se sauver par la violence des doctrines : ils se trompent. Les idées sont des plantes si fragiles! il leur faut l'atmosphère ardente des grandes villes. On les emporte toutes fraîches : elles se sont déjà fanées dans le trajet. En vain chacun les transplante dans son petit jardin et les arrose de lectures choisies. La bouture s'étiole; ou bien, au lieu d'une plante magnifique et vénéneuse, il pousse une bonne grosse tulipe qui, pour être veinée de rouge, n'en est pas moins tulipe.

....

D'où vient cependant que ces mêmes hommes reprennent l'avantage quand ils ont affaire aux paysans? Leur langage est alors ferme et coloré; leurs manières paternelles et brusques ont la mesure exacte qui convient à ces grands enfants. Ici, mettez un vrai citadin à côté d'eux : les rôles sont renversés. C'est l'habitant de la capitale qui est gauche, emprunté, trop poli ou trop hautain, presque toujours dupe du paysan finaud. C'est le provincial qui est à son aise, et voit clair. Contre le rat de ville il serait facile de retourner la satire. Seulement, Paris a le monopole littéraire, et l'on ne raille que le rat des champs.

Cette différence d'optique tient tout d'abord à la différence de milieu. Le meilleur moyen de n'être pas ridicule est de se tenir à sa place. La vulgarité, cette peste des sociétés modernes, n'est, après tout, que la trace d'un effort prématuré pour s'élever au-dessus de sa condition. Un laboureur à sa charrue, un semeur sur son sillon, une maritorne dans sa basse-cour ne sont pas vulgaires. Ils le deviennent quand ils endossent la livrée bourgeoise. — Pourquoi, disait une grande dame assez dédaigneuse, les bouviers de la campagne romaine ou le dernier des chameliers arabes ont-ils si fière tournure, tandis que vos paysans laborieux, vos commis, vos marchands, ont une mine si plate? —

Pourquoi? C'est que les premiers se prélassent noblement sur leur fumier, qu'ils n'ont point l'idée de changer leur sort, tandis que les autres sont travaillés du besoin incessant d'imiter la classe supérieure. Ainsi de nos petits bourgeois. Toutes les fois qu'ils veulent singer les grandes villes, ils prêtent à rire. Le modèle sera toujours fort au-dessous de l'original. Il est telle de ces familles qui occupait une situation honorable dans une ville de second ordre. Elle était estimée, recherchée, et la crainte de l'opinion la maintenait à son rang. Il fallait trier ses relations, se surveiller. L'ambition l'amène à Paris. Elle s'y installe médiocrement, dépense au delà de ses ressources, accepte des liaisons de rencontre, et, sous prétexte de beaux-arts, tombe dans la bohème. On y fait de la musique de pacotille, on y ramasse les fruits secs du Conservatoire. Cet intérieur ressemble plus à une loge de concierge qu'à un salon d'honnêtes rentiers.

Non seulement il est bon de rester chez soi ; mais il ne faut pas se croiser les bras, plisser les lèvres, prendre des airs et regarder en pitié la démocratie. Les petites villes, à cet égard, sont au-dessous des campagnes. Dès que dix bourgeois logent dans la même rue, ils fondent une coterie et tiennent à distance le populaire. Si, par hasard, ils sont jusqu'à vingt, leur superbe ne connaît plus de borne.

Ils se visitent, s'admirent, lisent l'*Univers* et s'entretiennent dans une commune ignorance des faits qui crèvent les yeux. Chacun se dit : Quel est le gouvernement qui sied le mieux à l'air de mon visage, à mes traditions de famille? Personne n'a l'idée de regarder par la fenêtre et de demander d'abord ce qui convient à la nation. Qui interrogerez-vous sur les campagnes environnantes? Sera-ce le petit banquier, qui tire avec tant de soin son verrou et craint de trouver un partageux sous son lit? ou bien le bourgeois étriqué, qui, sous prétexte de religion, distille des phrases doucereuses avec une rage concentrée? Les croirez-vous quand ils vous diront que chaque habitant cache un tonneau de pétrole dans sa cave et se tient prêt à mettre le feu aux quatre coins du quartier bourgeois? Dans une petite ville, j'ai connu un magistrat, jeune encore, malade imaginaire, atteint d'ankylose morale, et qui ne sortait de l'audience que pour s'asseoir au soleil, dans son cabriolet dételé. Image parfaite d'un certain boudhisme provincial; don Quichotte immobile traîné par une voiture sans cheval! Cette petite bourgeoisie fermée a peur du mouvement, du bruit, de tout. Elle ressemble à la servante qu'on assoit sur un mulet pour aller à Chamouny. On part, le mulet s'ébranle. « O monsieur! s'écrie-t-elle, le voilà qui marche! »

. . . .

Maintenant, osez braver le préjugé : sonnez chez le révolutionnaire d'en face. Ce n'est pas assurément la fine fleur de l'éducation. Il est, comme on dit, fort en gueule : la bouche grande et taillée pour le sarcasme, la désinvolture populaire, la mise un peu débraillée, peut-être avec calcul. Il est passionné, souvent injuste. La peinture qu'il trace des abus est fort chargée. Son imagination opère sur les menus faits avec le grossissement d'une lentille. Mais là au moins on sent palpiter la vie et, même à travers le sophisme, on démêle une indignation généreuse. Dès l'abord, vous êtes captivé par un regard franc, limpide, chaleureux. Cet homme, dites-vous, peut se tromper, mais il est de bonne foi. La glace une fois rompue, il parle avec abandon, s'anime, improvise avec son accent mordant et son geste de tribun, dévoile à vos yeux, derrière la surface unie de la province, le réseau compliqué des intrigues et des passions. Sous la conduite d'un tel guide, vous risquez de faire fausse route, mais non de vous ennuyer. En deux heures, il achève la dissection du département, marquant d'un mot heureux chaque région et chaque groupe. Quand il rencontre sur son chemin une personnalité politique, d'un tour de main il la déshabille. Il vous montre le personnage vaniteux ou solennel en pantoufles, dans son intérieur, tremblant sous le despotisme de sa femme. Il reconstitue sa généalogie, démasque ses ruses de parvenu : soudain, dans l'histoire d'une seule famille, vous apercevez l'enchaînement de toutes les causes qui déterminent une opinion ou commandent une attitude. Par la déchirure pratiquée dans le vêtement du mannequin, vous voyez couler le son qui le remplit. D'autres fois, à la colère de l'orateur, à la vivacité de ses invectives, vous pressentez que l'adversaire dont il parle n'est plus une poupée, mais un homme de chair et d'os, violent et passionné comme lui, prêt à lui disputer les sympathies de la foule, et vous comprenez que la partie est sérieuse lorsque la faveur populaire en forme l'enjeu. Si, de plus, vous remarquez que cet homme est pauvre, qu'il a dans son bureau trois chaises de paille pour tout mobilier; si l'on vous apprend que sa porte est toujours ouverte aux plaideurs besogneux, et que, sauf la satisfaction de ses passions politiques, il ne tire aucun profit personnel de sa popularité; qu'au contraire, il a perdu de gaieté de cœur une brillante clientèle en affichant ses opinions; si l'on ajoute enfin qu'il est l'âme de tous les conciliabules à vingt lieues à la ronde, vous comprendrez sans peine que ce bourgeois démocrate ait supplanté son voisin boudeur et désœuvré.

Ce n'est pas toujours une question d'opinion : il

y a, paraît-il, des cercles catholiques d'ouvriers en pleine prospérité; soyez sûrs que l'étiquette n'y fait rien ou peu de chose. La grande affaire est de s'occuper du peuple avec sympathie et avec intelligence. La charité privée ne suffit pas. D'abord, c'est une poignée de sable jetée au monstre. Puis, dans nos campagnes, elle se trompe de date. Elle s'adresse à une démocratie qui ne demande pas l'aumône, qui la trouve blessante, et qui tient encore plus à ses droits qu'à son bien-être. La bienfaisance toute seule, au lieu de rapprocher les distances, les fait plus vivement sentir. Comme elle est forcément temporaire, elle consacre l'inégalité des conditions. Elle en est le palliatif, mais non pas le remède. La passion de l'égalité rend amer le pain d'autrui. Voilà ce que la bourgeoisie de province comprend difficilement. Sa vanité ne peut supporter celle des autres. Dès que les classes laborieuses ne se présentent plus à elle dans une attitude suppliante, elle en abandonne la direction à des pharmaciens chevelus, à des tanneurs barbus, en un mot à tous les industriels que la nature de leur profession met en contact avec les humbles. Dès lors toute la vitalité des petites villes se réfugie dans les régions inférieures. On s'endort en haut : plus bas, on s'agite; on forme des syndicats, des sociétés de secours mutuels, des compagnies de pompiers; on se réunit pour banqueter, pour fêter les saints du calendrier républicain; on déclame à tort et à travers; mais ce qu'on connaît le moins, c'est la torpeur. Ce fameux sommeil de la province, proverbial à Paris, n'est qu'un trompe-l'œil. Sous l'eau dormante, la vie pullule dans le clair-obscur des petits métiers et des esprits médiocres : les philanthropes, les hommes politiques doivent plonger courageusement pour aller la chercher.

Le peuple est ingrat et léger, soit; sa faveur est aussi changeante que les flots de la mer. Comment expliquer cependant que toute influence locale soit fondée sur des services rendus, et réciproquement, qu'il y ait peu de services réels sans influence? Il existe, dans chaque petite ville, un homme qui jouit de la confiance universelle. Il tient entre ses mains le secret de la petite et de la grande propriété. Son cabinet est une espèce de confessionnal. C'est le seul endroit du monde où les paysans s'expriment avec franchise et démasquent leurs batteries. Ont-ils un peu d'argent caché? ils viennent le déposer entre les mains de cet arbitre, en le priant de le faire fructifier comme il l'entend. Tout ce qu'il dit est parole d'Évangile. S'il hésite à accepter un dépôt, s'il parle de précautions et de garanties, on se bouche les oreilles. Est-ce qu'on prend des chiens contre le berger? Vous demandez quel est cet homme, s'il a de grands domaines, et par quel miracle il a conservé, en pleine démocratie, l'autorité patriarcale des anciens seigneurs. C'est tout simplement un notaire de campagne.

Voici mieux encore. Vous vous promenez sur la place un jour de marché. La foule est épaisse, les bestiaux tirent sur leur longe, les pourceaux grognent : c'est une houle à ne point s'entendre. Une charrette met un quart d'heure à traverser la place. Le flot humain résiste à la poussée. Chacun ne pense qu'à ses affaires. Soudain paraît, dans un cabriolet lancé au grand trot, un bourgeois brusque et bourru. Le chapeau enfoncé sur les yeux, sans regarder ni à droite ni à gauche, il distribue des coups de fouet et des injures pour se frayer un passage. Voilà, dites-vous, un grand malotru : il va se faire lapider. Nullement; tout le monde s'écarte, les chapeaux se soulèvent et même les casquettes de soie ébauchent un salut. Toutes les rides, les crevasses de ces visages bronzés ne forment plus qu'un seul pli qui s'épanouit d'une oreille à l'autre. « Bonjour, monsieur le docteur ! vous passerez à la maison ? Le bras du petit n'est pas encore bien remis. Le vieux a des douleurs... » Et le brave docteur passe son chemin, mêlant une ordonnance et un juron, interpellant chacun par son nom et tutoyant les pères aussi bien que les fils.

Quelle misère, s'écrie-t-on, qu'une politique conduite par des médecins, par des vétérinaires ! Le mot est devenu historique. Soit; mais les persifleurs iront-ils se mettre en campagne, quitter leur intérieur douillet pour courir par monts et par vaux, braver la pluie, la neige et le soleil, donner des soins gratuits aux plus pauvres, se prodiguer de toutes les manières, et souvent vieillir avant l'âge? Qu'on se représente l'état d'esprit d'un homme qui fréquente les êtres les plus disgraciés, qui contemple l'animal humain dans sa triste nudité. Plus de châteaux, plus de laquais, plus d'orgueil de caste : mais un abaissement commun de toutes les conditions devant la maladie et devant la mort, des membres forcés par le travail, des estomacs affaiblis par le jeûne, des plaies atroces, de petits citoyens qui viennent au monde sans être attendus. Voilà la carrière, elle est ouverte. Peu de gens disputeront aux médecins une popularité aussi chèrement payée.

— Mais quelle nécessité pour eux de se mêler de politique? Puisqu'ils remplissent un sacerdoce, qu'ils s'y tiennent. — Les médecins sont hommes, et la politique est le sel de l'existence. J'ai connu l'un d'entre eux qui n'avait que le souffle. C'était un petit être insinuant et doux, avec des palpitations, parlant bas, d'une voix caressante et comme trempée de larmes; si faible, il menait une vie à tuer un bœuf. Où puisait-il ses forces? Dans l'ardeur de la propagande. Le plaisir d'offrir à ses malades, en guise de cordial, quelques doctrines vinaigrées, soigneusement roulées dans le miel, était le dédommagement de ses peines. Appelé la nuit dans quelque hameau éloigné, il songeait, en se frottant les mains, qu'il allait grossir de cinq ou six voix son troupeau électoral, et il éprouvait la joie du bon pasteur à la recherche de la brebis égarée. Il ne fallait pas lui parler du clergé ni de la noblesse; il serrait alors son petit poing, tout son corps tremblait : ce qui ne l'empêchait nullement de porter ses soins au chevet des hobereaux, et de les droguer en conscience. Leur santé lui importait d'autant plus, que, sans eux, on n'aurait pu recommencer la bataille. Ainsi, deux champions du moyen âge, se frappant d'estoc et de taille, déposaient un instant le harnois et se pansaient mutuellement leurs blessures.

On discute, au coin du feu, les qualités qui conviennent à un homme d'action. — Un tel, dit-on, est supérieur. Il a du coup d'œil et de la décision, une main à la fois ferme et légère. Avec lui, point de lenteurs paperassières, point d'ajournement, mais des résolutions et des actes. Quand les faits résistent, il ne s'entête pas, car il a peu de principes arrêtés; mais il observe, et il poursuit la nature dans ses continuelles métamorphoses. Il est souple, ingénieux, plein de ressources, d'une patience à toute épreuve, et quelquefois brutal, quand il faut brusquer le dénouement. — De qui parle-t-on? D'un médecin ou d'un homme d'État? Le doute est permis, tant les qualités requises sont semblables dans les deux cas.

Pour étendre son influence au delà de deux ou trois clochers, pour devenir réellement conducteur d'hommes, il ne faut pas seulement de la suite et de l'habileté : il faut savoir négliger ses intérêts, se ruiner au besoin. Qui s'occupe des affaires d'autrui fait généralement mal les siennes. Ceci explique les mécomptes des chefs d'industrie quand ils se lancent dans la politique. Faire sa fortune est assurément un grand dessein. Il y faut une application soutenue, de vastes relations, l'art de gouverner les ouvriers, de s'en faire craindre ou aimer, la vigueur dans les commandements légitimes, le discernement dans la bienfaisance. Nul métier ne fait des hommes plus complets. En ce temps d'effacement général, la littérature elle-même s'est éprise des maîtres de forges. Elle adore la lueur fantastique des hauts fourneaux, l'aspect de la fonte en fusion, le bruit des marteaux-pilons. Tant que l'industriel se cantonne dans son domaine propre, il est inattaquable. Cités ouvrières, sociétés coopératives, salles d'asile, écoles, voilà le champ ouvert à sa philanthropie.

C'est encore de l'intérêt bien entendu. Ces parties accessoires de son empire ressemblent aux dépendances de l'usine, dans lesquelles on utilise la force perdue ou les déchets de la fabrication. Au bout de l'année, on dresse l'inventaire, et les actes d'humanité, les dépenses d'hygiène, se traduisent par une augmentation de force musculaire, par la stabilité du personnel. La grande affaire est toujours d'obtenir, en fin de compte, une balance favorable. N'embrouillez donc pas cette affaire si absorbante avec une autre, qui comporte tout au moins un vernis de désintéressement. A chaque instant, l'intérêt commercial se met en travers de vos projets électoraux. Tel fabricant de sucre très intelligent a échoué, parce qu'il avait pris sa betterave dans un département voisin. Si vous êtes sage, vous achèverez tranquillement l'édifice de votre fortune ; et plus tard, après avoir réalisé, libre de tout engagement, vous pourrez mettre à la loterie politique. Les trois quarts des industriels qui siègent à la Chambre se sont fait nommer comme grands propriétaires, et ne pourraient même pas compter sur les voix de leurs ouvriers.

Parmi les bourgeois de toute profession qui forment, dans les campagnes, les cadres de l'armée démocratique, peut-on démêler un caractère saillant, fixer un type? Suffira-t-il d'ouvrir le *Manuel du démagogue* et d'en tirer une caricature amère de nos mœurs politiques? La vérité est plus complexe. Ce qui s'offre à nous, c'est un singulier mélange de finesse paysanne et de solennité bourgeoise; un tribun qui ne croit pas toujours à ses phrases, un observateur sagace et passionné, qui confond trop souvent ses rancunes avec l'intérêt de l'État. Bourgeois, il l'est par l'éducation. Comme nous, il a été nourri de formules et de principes plutôt que d'histoire et de faits. Sa politique date de l'École de droit ou de médecine. Dans les *parlotes* de jeunes gens, il a contracté le goût des harangues et la verdeur du raisonnement. Plus sanguin que ses camarades de la ville, il s'est jeté sur les utopies et sur les subtilités juridiques avec une voracité prodigieuse. Il a dépensé, dans cette gymnastique intellectuelle, la sève accumulée de plusieurs générations. Mais en rentrant dans sa province, il a bien fallu pactiser avec les faits. Adieu le niveau révolutionnaire et la déclaration des droits de l'homme! Qu'a-t-il rencontré dans sa carrière de praticien? L'ancienne France encore vivace sous l'uniformité apparente des lois; des châteaux égoïstes, des fermes plus égoïstes encore; des superstitions mêlées à des croyances respectables, de vieux préjugés semblables à ces morceaux de roc qui, dans les terres labourées, forcent la charrue à faire un détour. Dès lors les mécomptes ont commencé. La notion d'une société mal bâtie s'est imposée à la clairvoyance de l'homme d'affaires, et l'idéaliste s'en est pris à tout le monde, particulièrement aux influences insaisissables. C'est ainsi qu'il croit fermement au spectre noir, aux machinations des jésuites. N'allez pas émettre en sa présence des doutes sur le péril clérical. « On voit bien, monsieur, dira-t-il, que vous arrivez de Paris. Votre tolérance philosophique n'est au fond que de l'indifférence. Si vous luttiez, comme moi, depuis vingt ans contre les entreprises des curés, vous tiendriez un autre langage. » Ce qui accroît son irritation, c'est la confiance imperturbable des chefs qui lui envoient le mot d'ordre de la capitale. C'est trop commode, en vérité, de légiférer pour une France de fantaisie et de le laisser, lui, aux prises avec les difficultés de la France réelle. On pérore là-bas et on rédige de belles constitutions bien régulières : aux provinciaux d'ajuster sur ce lit de Procuste la taille et le tempérament variable de chaque terroir. Un pareil métier engendre l'aigreur et la défiance. Même avec un gouvernement ami, le pli de l'opposition est pris. On est dans la place et cependant on n'est point rassuré, l'oreille au guet, l'œil soupçonneux, on flaire partout la trahison.

J'ai rencontré un jour un de ces défenseurs du

peuple. Il contemplait avec attendrissement un polisson d'une douzaine d'années qui cheminait entre deux gendarmes. Certainement, ces deux géants armés jusqu'aux dents pour traîner un avorton présentaient quelque chose de risible. Mais notre démocrate ne riait pas. « Quelle pitié! murmurait-il entre ses dents; quel abus de la force! Un gouvernement républicain doit-il être servi par de pareils croquemitaines! Ces gendarmes sont tous des bonapartistes. Sans doute, cet innocent est le fils d'un père mal noté... » En cinq minutes, l'avocat avait construit, de la meilleure foi du monde, toute une ténébreuse histoire et rattaché cette petite scène à la grande conspiration monarchique. Avec de pareils sentiments, on irait tout droit au délire de la persécution. Mais cette indignation, souvent sincère, ne gratte que l'épiderme. Cette colère sainte est une forme de style. La finesse de l'œil — cet œil d'observateur qui a tout un réseau de plis spirituels dans le coin de la paupière — dément le ronflement de la phrase. Dans l'arène électorale, ou dans les couloirs de la Chambre, le tacticien recouvre son sang-froid et laisse la rhétorique à la porte. On la fait entrer pour le bouquet final : ainsi dans un cirque, les trompettes et les cornets éclatent en marche triomphale, lorsque l'acrobate vient d'exécuter une cabriole compliquée.

....

CHAPITRE VIII

LES NOUVELLES COUCHES

Essayons de voir où le mouvement démocratique nous mène. Suivons le rural hors du village.

C'est seulement au déclin du siècle que nous pouvons entrevoir les effets de notre prodigieuse révolution. Un voyageur, après une longue course, descend le revers de la colline ; il aperçoit devant lui un immense horizon éclairé par les feux du couchant. Les ombres s'allongent au pied des bouquets d'arbres. La moindre ondulation de terrain prend un relief extraordinaire. Des vallées s'ouvrent dans les lointains bleuâtres, tournent et s'enfoncent vers l'infini. De même, à travers les formes confuses de l'avenir, nous pouvons discerner les traits saillants d'un pays nouveau, qu'illumine à nos yeux le reflet mélancolique du passé. Des changements profonds s'annoncent dans le caractère national. On nous dépeint un Français aimable, léger, spirituel, éloquent, taillé sur le patron de l'ancien homme de cour : la classe rurale, qui forme la majorité de nos concitoyens, nous apparaît maussade, lourde, taciturne, énergique et tenace. Est-il possible qu'à la longue une partie de ces qualités comme de ces défauts ne passe dans la nation tout entière? C'est, dit-on, la différence du diamant brut au diamant poli. Non, car les deux types ne sont pas seulement dissemblables : ils sont contradictoires. Nous sommes gais, les paysans sont graves. Nous n'aimons que le beau, ils n'apprécient que l'utile. Nous sommes prompts à l'enthousiasme, au découragement, ils sont aussi difficiles à entraîner que patients dans la mauvaise fortune. Nous passons pour avoir de la franchise, ils sont sournois. Dépouilleront-ils leur âme avec la blouse?

Autrefois, le grand chemin battu pour parvenir, c'était l'épargne et la richesse : bon moyen de maintenir la suprématie bourgeoise. Le rural arrivait par la grande porte, avec ses écus dans sa poche; son ambition était contrôlée : quand la société avait trouvé ses papiers bien en règle, il était immédiatement absorbé dans les rangs de la bourgeoisie. Peu importait qu'il eût conservé la grossièreté native, et qu'il en tirât même vanité, vous assommant du récit de ses débuts et du tapage de ses sabots. Ce brave homme après tout n'avait pas une idée à lui, car la richesse toute seule ne change ni l'éducation ni l'esprit. Il se hâtait de donner sa fille au marquis besogneux, de couler son fils dans le moule tout préparé pour fabriquer des bourgeois. Ses bévues servaient à divertir la galerie. En haut, le ton général changeait peu.

Mais cette route aujourd'hui n'est ni la plus courte ni la plus fréquentée. Les chemins de traverse abondent. Les paysans arrivent par la politique, par la science, par les fonctions publiques, par les professions libérales, en moins de temps qu'il ne faut pour construire une fortune. Un gardeur de vaches se fait remarquer à l'école primaire. Il obtient une bourse au lycée. Les jeunes bourgeois contemplent avec ébahissement ce piocheur infatigable qui ne lève jamais le nez pour regarder voler les mouches. Ils méprisent son travail de bête de somme, ses joues pleines et rougeaudes, son regard vieillot et sans éclat. Il n'a certainement aucune des grâces féminines qui, jusqu'à quinze ans, font du fils de famille le portrait de sa mère. En revanche, il ne perd pas une minute, et marche d'un pas soutenu jusqu'aux examens. De là, il saute sans transition dans une école du gouvernement, dont il sort avec une épée ou un diplôme : bourgeois par le savoir, rustre par les manières, et souvent pauvre comme Job.

Étudiants amateurs, qui vous attardez aux études littéraires et inutiles; esprits curieux, qui philosophez avant d'agir, dilettanti, hommes d'agrément et de salon, défiez-vous de ce rude concurrent. Si vous vous oubliez à cueillir des fleurs, il vous aura bientôt dépassés. Il apporte, dans un labeur écrasant, la vigueur d'un tempérament intact, tandis que plusieurs générations de citadins vous ont légué un système nerveux trop irritable. Déjà le frottement des hommes et la comparaison des doctrines vous ont rendus sceptiques, tandis que son âme est neuve, et son ambition d'autant plus aiguisée qu'elle est étroite. Il va droit devant lui, poussant sa pointe, donnant du coude à droite et à gauche, moins soucieux d'équilibre que de résultats. Ce n'est pas lui qui gaspillerait ses soirées dans de vains commérages, pour le plaisir de voir frissonner le satin des belles épaules. Il tient en bride ses appétits, et veille dans une mansarde : sa place est déjà marquée dans la grande usine intellectuelle où vous cherchez encore la vôtre. Cet intrus est d'une ignorance inouïe sur les faits généraux de l'histoire. L'enchaînement des causes le touche médiocrement. Mais il possède un excellent instrument, et il s'en sert. Sa volonté est une hache acérée qui coupe et taille devant elle en plein fourré, tant qu'il reste quelque chose à couper.

L'ascension est singulièrement favorisée par une société qui recherche avant tout les spécialistes. Autrefois il fallait un noviciat pour être admis dans la classe supérieure. Aujourd'hui, une bonne spécialité suffit. Pourquoi se donnerait-on la peine d'acquérir des manières, de l'éducation? Chacun est jugé sur son œuvre, et cette œuvre est restreinte. Le tempérament du paysan s'arrange très bien de cette méthode. En creusant la médecine ou les mathématiques, il ne fait que changer de sillon. Le monde est sévère aux esprits investigateurs qui cherchent longtemps leur voie. Il a besoin de mettre sur chaque homme une petite étiquette bien claire. Il ne vous pardonnerait pas de déranger ses classifications. Il est au contraire d'une indulgence excessive pour les travailleurs bornés. Rongez une seule question, ou même un morceau de question; vous êtes sauvé. Les gens qui commençaient à froncer le sourcil devant vos curiosités indiscrètes approuvent cette ambition de taupe et vous permettent de faire vos petits monticules qui ne portent ombrage à personne. Tout le monde, il est vrai, n'est pas également propre à cette besogne souterraine. Les paysans s'y montrent sans rivaux.

C'est pourquoi on les rencontre partout; ils sont aisés à reconnaître. Ils ont monté si vite que, sous l'habit professionnel, ils conservent la rusticité primitive et l'air de terroir. Noyés dans le grand Paris anonyme ou bien encadrés dans une corporation, dans une académie, un œil exercé reconnaît immédiatement leur origine aux pommettes saillantes du Béarnais, à la lourde mâchoire du Saintongeois, à la constitution pléthorique et à l'œil fin du Normand, au parler traînant du Tourangeau. Ils n'ont point eu le temps de dépouiller le vieil homme : bien plus, ils en tirent parti. Le geste brusque et gauche, qui faisait tache chez le débutant, donne un certain ragoût à la célébrité du savant. Ce chirurgien qui raconte en détail ses opérations ferait lever le cœur aux assistants, s'il était obscur. Mais il a un nom : les belles dames l'écoutent avec recueillement. On admire son chapeau à larges bords, sa redingote antique et ses souliers ferrés. Ils le savent bien tous, car ils sont fins. Silencieux et circonspects, tant qu'ils se sentent discutés, ils pincent alors les lèvres pour ne point laisser échapper d'énormités. L'un d'eux, dans sa jeunesse, n'avait que deux mots pour toutes les conversations : *Diable!* — formule d'étonnement ou d'admiration, avec des nuances de ton variées, selon l'âge et l'importance de l'interlocuteur; — et : *Parfaitement!* — formule d'approbation, de sympathie, ou même, suivant les cas, d'indifférence. Une fois parvenus et acceptés, ils se mettent à l'aise et reprennent avec autorité les manières rustiques, exagèrent au besoin l'accent natal, risquent des plaisanteries grossières qui passent pour des chefs-d'œuvre d'atticisme et triomphent en secret des bourgeois badauds qu'ils enviaient quand ils étaient petits.

En même temps, ils mettent leur forte empreinte sur les professions qu'ils adoptent. Au Palais, avocats d'affaires, ennemis des phrases, débrouillant avec patience l'écheveau des lois, achevant un raisonnement par un coup de boutoir; — à l'amphithéâtre, chirurgiens plutôt que médecins, empiriques à la main légère, à l'œil attentif, mais inhabiles à saisir les relations délicates de l'âme et du corps, et disposés à nier ce qu'ils ne peuvent palper; — à la Sorbonne et au Collège de France, partisans déclarés des recherches minutieuses, coupant les cheveux en quatre et se cantonnant avec habileté dans un tout petit domaine; — à la caserne, durs pour le soldat, surtout quand ils sortent du rang, exacts, disciplinés, supportant les besognes ingrates, et sûrs d'arriver, parce qu'ils résistent mieux que les autres à l'ennui de la vie de garnison; — partout les mêmes, avec leur ténacité, leur sang-froid, leur esprit pratique et leur absence totale de générosité.

Dans la vie privée, les traits individuels l'emportent sur les caractères généraux; cependant, on pourrait suivre à travers les fusions et les transformations le filon des mœurs rustiques. On rencontrerait des pères plus ambitieux que tendres, puis, en revanche, négligés de leurs enfants quand ils sont vieux. Ils comprennent la famille à la romaine, comme le prolongement de leur personnalité. Mais ils n'ont point ces affections tremblantes que nous avons pour les nôtres et ne pleurent pas longtemps leurs morts. A quoi bon s'attarder aux regrets inutiles? Un de ces pères m'explique comment il élève ses fils. Quand ils atteignent huit ou neuf ans, il met une annonce dans un journal étranger : il propose un troc avec une famille anglaise ou allemande. Le pauvre petit est expédié sur Francfort, ou sur Londres, en échange d'un produit du cru. Les deux enfants, arrachés du giron maternel, apprennent chacun pour leur compte la langue du pays voisin. Il n'en coûte que le prix du voyage et quelques caresses de moins. Un autre père raconte le suicide de sa fille sur le ton d'un événement ordinaire comme un fait vraiment regrettable. Il l'aimait cependant. Mais elle est morte, n'est-ce pas? il n'y a rien à faire. Les mères elles-mêmes, si semblables dans toutes les conditions sociales, ont ici des entrailles différentes pour les forts et pour les faibles. Elles préfèrent l'enfant d'une belle venue, qui leur fait honneur. Les petits anges qui ne font que traverser la vie sont bien vite oubliés. Après tout, des mères de souche paysanne ne sont pas tenues d'être plus délicates sur ce point que Mme de Sévigné. Il y a loin de ce chagrin raisonnable au sentiment absolu, qui ne connaît ni âge, ni sexe, ni considérations mondaines, qui s'étend de préférence aux êtres désarmés, qui s'acharne sur un tombeau, affection paradoxale dont le temps ne peut fermer les blessures, — en un mot, à l'amour maternel absurde et sublime qui plane sur nos misères bourgeoises. Arrêtons-nous devant le mystère des consciences. On nous citerait cent exemples de paysannes qui ont pour leurs enfants les faiblesses adorables et dangereuses de la classe supérieure. Nous conviendrons même qu'elles apportent alors dans leur amour une sorte de férocité. Mais il ne s'agit pas ici d'exception; en moyenne, la fibre est plus dure chez les parvenus, la tendresse moins inquiète, la famille plus disposée aux sacrifices d'ambition. Les nouvelles couches gagnent en force ce qu'elles perdent en finesse. On y a moins d'esprit, moins de cœur peut-être, et plus de jugement. Dans cette autre France, les sites romantiques sont rares; il y a peu de solitudes embaumées, point de futaies inutiles : mais sous les moissons monotones, le long des fleuves bien endigués, on aperçoit par endroits les assises régulières et la structure compacte du sol nourricier.

En politique, l'ascension des ruraux s'opère tantôt

sourdement, tantôt à ciel ouvert, avec les conséquences les plus inattendues. Quand elle est trop brusque, elle engendre un radicalisme d'une espèce particulière. Ce n'est point impunément que des esprits étroits pénètrent à l'improviste dans une atmosphère saturée d'idées générales. A l'exemple de quelques mathématiciens, ils croient tenir dans leur bienheureuse spécialité le remède à tous les maux. Ils professent un culte naïf pour la science envisagée comme une déesse Raison, capable de transformer l'univers d'un coup de baguette. Un coin de vérité entrevue les aveugle. Il leur manque l'impartialité, la modération, l'horreur du ton dogmatique, l'équilibre en un mot, ce fruit d'une culture supérieure. La tête leur tourne sur les sommets. Quand, par hasard, ils mordent à la philosophie, ce n'est pas pour accepter les demi-solutions. Ils ne disent pas : ceci est peut-être vrai, mais le contraire est possible aussi. Chacun va jusqu'au bout de son idée. Parmi nos savants et nos journalistes, on pourrait citer des hommes très remarquables, qui, partis de bas, après avoir franchi trop vite les étapes intermédiaires, confinent au nihilisme. C'est le dernier terme de l'évolution rurale. Ils ne peuvent se contenter d'un scepticisme à fleur de peau. Ils creusent plus avant: le paysan, solitaire et mélancolique, reparaît dans le penseur désabusé.

Ce sont les moins nombreux. Les autres s'élèvent sur place, par les magistratures locales, le conseil général, la députation. Ceux-là ne font pas de métaphysique; mais, dans le domaine de l'action, ils déploient la même activité triste et insatiable. Un paysan, lorsqu'il est saisi du démon de la politique, lui sacrifie tout, même le patrimoine acquis par ses sueurs. On voit bien alors que son avarice n'était qu'ambition déguisée. Sa profondeur de calcul proverbiale, il la tourne vers la conquête de l'autorité. Il se porte tout entier dans une seule direction avec une puissance extraordinaire. Lui, si prudent la veille, recherche l'émotion de la lutte, et même le péril. L'un d'eux, au plus fort de la bataille électorale, se livre à des actes de folle témérité, comme de franchir en bateau la chute d'eau d'un moulin, grossie par une inondation et transformée en cataracte. Il raconte la joie sauvage qu'il ressent à tenir le gouvernail et à commander aux éléments. De tels traits dessinent un caractère. La volonté, tendue à l'excès par les longs efforts et la dissimulation, a de brusques soubresauts. D'ailleurs, dans les limites qu'il s'est tracées, il est irrésistible. Il s'est juré de gouverner l'arrondissement, il le tient dans ses serres. Malheureusement, cette activité se consume en querelles de clocher. Il dépense le meilleur de ses forces à proscrire des gardes champêtres et à tourmenter des instituteurs. Si un homme de mérite avait mis à la poursuite d'un grand dessein le quart de l'énergie, de la persévérance et de l'adresse que lui coûte ce pouvoir misérable, on l'enverrait au Panthéon.

Les parvenus de la politique sont mal connus et mal jugés. On s'imagine, parce qu'ils comprennent mieux leur canton que la France, qu'ils sont des incapables, voués pour toujours à l'avortement. Leur nullité, leur mutisme dans les assemblées parlementaires donnent le change sur leur réelle valeur. On éprouve une impression toute différente à les voir chez eux, dans leur province. Ce n'est pas une petite affaire que de grouper, de tenir sous sa poigne un faisceau de vingt mille électeurs. Il y faut de rares talents : une vigilance continuelle, un grand empire sur soi-même, la science des intérêts, l'art de la persuasion. Ces gens qui « travaillent sur la peau humaine » rendent dédain pour dédain aux lettrés, qu'ils considèrent comme des freluquets sans conséquence. Qui a raison? En réalité, ceux-ci sont des hommes d'action; il ne leur manque que des notions supérieures pour sortir de l'ornière. Rien ne prouve qu'ils soient incapables de les acquérir. Seulement, l'écart est si large entre les préoccupations ordinaires des campagnes et les grands intérêts de l'État; cette manipulation de la matière électorale est si absorbante, que les hommes y passent tout entiers, corps et âme, et qu'ils arrivent trop tard à la vie publique.

S'il fallait cependant choisir entre ces ruraux mal dégrossis et la fine fleur du savoir pour le gouvernement de la France, je n'hésiterais pas : les ruraux me paraissent encore préférables. Sans doute, les Français adorent l'esprit. Ils lui élèvent des autels sur les trônes écroulés. Ils font aux poètes des funérailles qu'aucun César n'avait rêvées. Mais on ne gouverne point une société comme la nôtre avec des formules scientifiques. Nous aurons toujours des lettrés et des savants : nous avons besoin d'hommes d'action. Le savant reste sur le haut de la montagne et contemple les lois éternelles : le praticien descend dans la vallée, s'ingénie pour tourner les obstacles, lutte contre les frottements, les pentes et les milieux hostiles. Ce sont deux tâches différentes; or il est plus facile au lutteur de monter, d'étendre son horizon, qu'à l'autre d'abandonner son observatoire et de brasser une besogne inférieure. Mieux avisés, nous accepterons les hommes que la démocratie nous envoie, comptant un peu sur la force de la vérité, beaucoup sur l'exercice du pouvoir, pour leur dessiller les yeux.

Si un habitant de Saturne tombait à l'improviste dans un département français, il suivrait avec une curiosité de naturaliste l'agitation qui se propage dans certaines parties de la fourmilière. Il remarquerait que ce mouvement profite surtout à une classe de formation nouvelle, née du croisement des espèces communes avec une branche de l'espèce bourgeoise. Ce Micromégas ne manquerait pas d'en faire un rapport à l'Académie des sciences de son pays. « Le genre d'animal qui tend à prédominer parmi les Français, dirait-il, n'est pas de race pure. Il a des formes un peu grossières, et quelque incohérence dans les habitudes. Certains débris impalpables tendent à faire croire qu'il procède d'une fourmi ailée. Mais ses ailes sont tombées; il devient tous les jours plus fort et plus vorace. A le voir s'empresser, courir dans tous les sens, soulever péniblement des brins d'herbe, on pourrait penser qu'il s'agite en pure perte. Mais rien n'arrive dans la nature sans une raison suffisante. Admirons les vues de la Providence, qui a placé jusque dans les êtres les plus minuscules le sentiment vague d'un certain intérêt général. Nous oserons même affirmer, au risque de froisser des opinions respectables, qu'un ordre quelconque tend à se dégager de cette apparente anarchie. »

CHAPITRE IX

LE CHEF-LIEU

Le train siffle. La voie, décrivant une courbe, serre de près le grand fleuve national qui roule lentement ses eaux limoneuses. On ne voit pas encore la ville, mais le profil d'une cathédrale se dresse à l'horizon comme dans un rêve. Le train s'engouffre sous un tunnel. A la sortie, la perspective change. La cathédrale a tourné sur elle-même. On distingue, au-dessus d'une forêt de cheminées, la découpure des tours, la dentelle des clochetons, la pointe barbelée de la flèche. D'autres clochers surgissent au milieu de monstruosités modernes : noirs cylindres à gaz écrasant de leur poids l'hydrogène impondérable, longues cheminées d'usines à la gueule barbouillée de suie, échafaudages énormes qui semblent de grands métiers à tisser la pierre. Une maison, découpée en tranches par la voie ferrée, cache ses plaies sous l'enduit banal des annonces. Puis c'est un coin de quartier pauvre, avec des loques sordides pendues aux fenêtres, des intérieurs mal réveillés, des ménagères à peine vêtues, les grimaces des bambins, les pots de géranium sur des murs malades. Un nouveau tunnel, des magasins, des entre-croisements de rails, des changements d'aiguille, des soubresauts, des sifflets prolongés et plaintifs, des locomotives qui errent à la recherche de leurs wagons, des wagons veufs de locomotives, la lourde vibration des plaques sous le passage du train, la carcasse enfumée d'une gare, l'effarement, la cohue, enfin, cette crise d'épilepsie qui s'empare des choses et des gens aux approches d'une grande ville, tout annonce la civilisation ! Nous sommes au chef-lieu du département.

Jadis, quand on arrivait en diligence, les transitions étaient mieux ménagées. Les faubourgs se présentaient avec ordre, faisant face à la route, et ne montraient point aux passants le triste envers de leur toilette. Le coche, cahoté sur des pavés pointus, s'arrêtait à tous les cabarets, répondait aux questions des habitants ; le voyageur patient, doucement égayé par les plaisanteries des postillons, avait le temps de savourer les détails de la vie locale. Aujourd'hui, en sortant de la gare, il aborde gauchement et géométriquement la ville ; ou plutôt il la cherche vainement des yeux : tours, clochers, monuments, tout a disparu. Il n'a devant lui que des avenues désertes et poudreuses, un square vide. Les omnibus d'hôtels, rangés en ligne, l'attirent dans leur étreinte perfide. Ce sont autant de sphinx qu'il interroge avec anxiété. S'il se laisse tenter par les enseignes d'*Europe* ou d'*Univers*, quels oripeaux fanés, quels trésors de poussière accumulés, quels rideaux aux plis insondables, que de soin pour empêcher l'air de se renouveler! quelles cuvettes minuscules! Rien qu'à les voir, le géant britannique, ce Neptune accoutumé aux larges ablutions, demeure stupéfait, et note sur ses tablettes qu'en dehors de Paris les Français se composent exclusivement de commis voyageurs.

Une fois la première impression passée, on trouve un singulier plaisir à parcourir la ville dans tous les sens et à reconstituer sa personnalité. Il sera toujours temps de recourir aux livres et de rectifier le travail de l'imagination. Les livres sont muets sur la vie de tous les jours. Ils ne parlent pas de cet auvent rustique qui s'adosse depuis tant d'années aux murs d'un vieux couvent, ni de ces rues étroites dans lesquelles fourmille une population à peine différente de ce qu'elle était au moyen âge. Ils ne communiquent pas cette vive sensation de la ténacité des habitudes qu'on éprouve à l'aspect d'une échoppe de savetier, encore nichée dans une arcade à cintre surbaissé. Depuis trois cents ans, on a vu à cette fenêtre une figure d'homme penchée sur son ouvrage et sifflant sa chanson; le même soleil n'a pas cessé de verser un rayon oblique dans son obscur réduit. Plus loin, cet escalier, établi depuis si longtemps pour compenser la différence de niveau entre la ville haute et la ville basse, a été lentement usé par des générations de pieds grands et petits; les pas des contemporains s'entremêlent avec les traces de ceux qui dorment sous la poussière. Les églises abritent des volées de pigeons; les cris des martinets réveillent les corniches vénérables. Comme cette gargouille à la gueule ébréchée, cette ogive brisée, cette statue gauchement retenue par un crampon de fer sur son chevet fleuronné, paraissent vivantes sous le ciel changeant! Les oiseaux se posent irrévérencieusement sur la tête des saints : mais les bons vieux saints semblent sourire à travers leurs rides de pierre et ne s'offensent nullement de ces familiarités de la nature. Les clochetons noircis, entamés, surtout du côté du vent d'ouest, s'assombrissent ou s'égayent sous le nuage ou le rayon qui passe.

Il me souvient d'avoir contemplé, dans une forêt de Pensylvanie, une ville entière construite la veille, et destinée à disparaître le lendemain avec le gisement de pétrole qui l'avait fait naître. Maisons, trottoir, écoles, église, tout était en bois. Dans une grange, on montrait fièrement les presses et les bureaux d'un journal. On avait jeté le chemin de fer sur des traverses à peine équarries; les arbres de la forêt, renversés par la hache, gisaient encore des deux côtés de la voie.

Nos villes, à nous, ont poussé dans le sol national de si profondes racines que, pour en trouver l'origine, il faut remonter jusqu'à l'époque romaine et parfois jusqu'à la Gaule indépendante. Elles ont été tour à tour lieux de refuge, villes impériales, fiefs ecclésiastiques, dépendances féodales, cités royales; elles ont formé, dans certaines crises, le cœur même du royaume. Au lieu d'accuser Paris d'attirer à soi toute la vie du pays, on devrait plutôt admirer la force de résistance de ces robustes filles de notre sol, car elles ont traversé des révolutions vingt fois séculaires dont ni Paris ni pas un de nos gouvernements éphémères n'ont eu le tort ou le mérite.

La base romaine, on la retrouve encore, sous les lichens et sous les ronces, dans les fondations d'une muraille à pic qui domine la campagne; elle a servi de contrefort au palais des ducs, et elle porte aujourd'hui le poids de plusieurs administrations publiques. On dirait les couches successives d'une formation géologique. L'horizon qu'on aperçoit d'ici a peu changé depuis qu'il était contemplé par les yeux d'un proconsul romain ; les mœurs administratives actuelles offrent plus d'un point de ressemblance avec celles de ces temps reculés.

Si la cathédrale, par l'effort puissant de sa masse, atteste encore la permanence du sentiment religieux, l'esprit du XVIe siècle a déposé un peu partout ses arabesques et ses bouffonneries, mélange incomparable de grâce aristocratique et de verve populaire, qui devait passer dans le caractère national. A travers les vapeurs transparentes de notre ciel, dans la tiédeur exquise d'un été tempéré, les ciselures de la pierre, les rinceaux délicats, les galeries à l'italienne évoquent cette France des Valois dont nous gardons encore l'empreinte : le plus séduisant des peuples, facile aux émotions, passionné jusqu'à la fureur, narquois jusqu'au scepticisme, simple et encore brutal dans ses impulsions, compliqué dans ses raisonnements, si particulier enfin, que les artistes italiens eux-mêmes, comme le Primatice, changent de manière en changeant de climat, donnent à leurs figures les formes fuyantes des nymphes de Jean Goujon, et délaissent leurs beautés plantureuses pour les tailles ondoyantes de nos Françaises de race.

Du palais, le style descendait à l'habitation privée, jusque dans la boutique. Les pauvres, ne pou-

. . . .

vant faire mieux, traçaient autour de leur porte une courbe parfaite. C'est dans les souvenirs du XVIe siècle qu'il faut retremper nos libertés provinciales. Les communes jurées du moyen âge sont trop loin de nous : elles dorment dans les vieilles chartes. Les *bourgeoisies* de la Renaissance raisonnent et savent ce qu'elles veulent. Elles ont du bien et du loisir. Elles ne sont pas moins attachées à leurs privilèges qu'à la royauté, qui les a aidées à démolir les nobles et qui ne les a pas encore absorbées. Dans ces petites sociétés, on s'intéresse aux guerres d'Italie, on lit Rabelais et Montaigne; en même temps, on forme des unions de marchands, dont chacune a sa maison de ville et ses règlements.

Au-dessus d'un portique aux lignes hardies, trois statues tiennent entre leurs doigts brisés des instruments de musique. Ces figures sont assez frustes et la pierre en est trop friable. Mais un souffle puissant soulève leur robe déchirée. Elles ont une liberté et une aisance qu'on ne retrouve plus au grand siècle. C'est de l'art de province. Il est éclos sur place, au lieu d'être estampillé par les procédés officiels. Cet édifice était la maison des luthiers. Les petits bourgeois nos ancêtres avaient dépensé, dans ces joyeusetés ingénues, un peu de leur vie surabondante. A cette époque, les corporations fécondaient le travail au lieu de l'emprisonner. Les institutions locales produisaient des fleurs et des fruits. Depuis lors, deux cents ans de despotisme jaloux, quatre-vingts ans de révolution ont coupé, taillé, nivelé ces pousses vigoureuses. Heureusement la vieille souche n'est pas morte, la sève de l'association y sommeille seulement, et les syndicats restaurés peuvent donner la main aux métiers du temps jadis.

Au XVIIe siècle, la vie municipale se ralentit dans la cité. Les constructions nouvelles deviennent rares. La grande noblesse bâtit à Paris ou bien elle embellit ses châteaux. Elle déserte la ville de province. Les hôtels ont une mine renfrognée. Le quartier silencieux qui entoure la cathédrale date de cette époque. Ce ne sont que portails sévères, grandes fenêtres majestueuses où s'ébattent correctement quelques Amours joufflus contemporains d'Anne d'Autriche, longs murs moroses qui tiennent la rue à distance au lieu de badiner avec le passant. Les marteaux des portes, avec leurs lions classiques, repoussent la main du visiteur, et les hautes bornes cerclées de fer ont une raideur de douairière. Il semble que, de toute éternité, l'herbe a dû pousser entre les pavés, que les ferrures des balcons ont été rouillées dès le premier jour. L'imagination ne peut évoquer, le long des perrons déserts, que de lourds carrosses, de lourdes perruques et de lourdes gens. Aujourd'hui, je ne sais quelle moisissure semble envahir ces hautes maisons. C'est le séjour préféré de la petite noblesse et de la dévotion. Le soir, une course à travers ces rues désertes est une promenade dans un cimetière.

La place sur laquelle on débouche en sortant de cette nécropole ne manque pas d'une certaine grandeur. Elle a été construite au siècle dernier avec la préoccupation évidente d'imiter la place Vendôme. Ce sont les mêmes colonnes en relief cannelé, formant une sorte de palais continu. Au centre, une fontaine de style rococo se contourne et nous reporte à cent cinquante ans de date. Ce fut, pour la ville, une ère de prospérité. L'industrie y naissait. Les relations avec les ports et les colonies devenaient fréquentes. C'est alors que le style de Versailles et de Trianon, réservé jusque-là aux habitations des nobles, fit invasion dans le haut négoce, et que les riches marchands de la ville bâtirent cette place pour y vivre côte à côte dans une majestueuse opulence. Pleins de dédain pour les antiquailles et pour le style gothique, ils auraient transformé toute la ville si la mort, la banqueroute ou les révolutions n'y avaient mis bon ordre. Aujourd'hui, ces vieux hôtels sont envahis par les cabarets du bel air, les affiches en lettres d'or et les enseignes de dentistes. Une vie mercantile et grossière dérange la sereine immobilité des colonnes, se rit de la perfection de l'appareil et détruit la pondération des masses. Ainsi chaque génération croit fixer le temps. Mais il ne reste de son passage que le témoignage fugitif de ses aspirations; les monuments qu'elle menaçait sont encore debout; ceux qu'elle n'avait pas prévus sortent de terre; ceux qu'elle a élevés sont détournés de leur première destination et ne forment plus qu'un îlot que le siècle prochain engloutira.

Moins nobles et moins harmonieuses sont les constructions modernes de la ville basse. Plus la fantaisie individuelle cherche à se donner carrière, plus elle retombe dans les formules banales du mauvais goût. Les négociants du XVIIIe siècle, qui copiaient Versailles, avaient un caractère; les lignes un peu monotones de leurs édifices répondaient à une conception d'ensemble, tandis que ce mélange de tous les styles, ces cariatides trop bien portantes, ces chapiteaux surchargés qui imitent maladroitement les splendeurs de la capitale ne représentent rien, si ce n'est la richesse du fondateur et la pauvreté de son imagination. Il n'est pas beaucoup plus agréable de revoir ici l'horrible maison à cinq étages, ce phalanstère bourgeois qui crée l'encombrement sans favoriser les relations et qui entasse les unes sur les autres cinq ou six familles, dont le plus grand soin est de ne jamais se rencontrer, même sur l'escalier. C'est le triomphe de la société anonyme. On comprend encore que ce monstre se développe à Paris, où le terrain est fort cher et l'existence resserrée. Ne pouvant aisément se déployer en largeur, la grande ville monte en hauteur et les derniers venus se hissent sur les épaules des premiers. Mais ici l'espace ni la terre ne manquent. Les boulevards solitaires implorent des maisons. N'est-ce donc rien d'asseoir directement sur le sol ses lares domestiques, au lieu de les loger dans les compartiments d'une boîte, le long d'une échelle de perroquet? On regrette qu'une habitation séparée soit, en ville, le privilège de la fortune, alors qu'il serait si facile de construire, comme dans les faubourgs de Bordeaux, de longues files de petites maisons propres et tranquilles, ayant chacune un jardin.

Nous laissons sur notre gauche un cul-de-sac assez triste : c'est la place de la préfecture. Le préfet est bien logé : il occupe le palais des anciens intendants. Mais ce grand bâtiment a l'air négligé. On dirait une immense hôtellerie dont l'unique voyageur serait pressé de partir. L'hôtel de ville, installé dans un ancien monastère, est mieux entretenu. On a blanchi à la chaux les longues galeries et les cellules où des cénobites laïques consacrent aujourd'hui des mariages civils.

Dans le coin le plus sombre de ce bâtiment, végète, sous le nom de musée, un assemblage confus de copies en plâtre, de quelques bons tableaux, d'échantillons minéralogiques et de curiosités locales. Au rez-de-chaussée, un Laocoon commence à verdir. Un Apollon du Belvédère contemple avec colère l'œuvre d'un sculpteur indigène. Sous le regard bienveillant de deux ou trois magistrats à perruque, des armes anciennes gisent pêle-mêle à côté de fusils à pistons enlevés à la garde nationale. Quelques petits monstres enfermés dans des bocaux, des manuscrits de valeur inégale, des médailles romaines confondues avec des vieux sous du temps de Louis-Philippe, une bibliothèque de volumes dépareillés, rebut des châteaux voisins, complètent cette étrange collection, dont il serait difficile de dresser un catalogue satisfaisant.

Arrêtons-nous cependant à l'étage supérieur, où les tableaux sont un peu mieux classés. Les meilleurs sont contemporains de ces vieux hôtels dont nous avons admiré l'ordonnance. A cet heureux âge de grâce aisée, de pinceau facile, la médiocrité même savait se rendre supportable. Les Armides languissantes, les Estelles toutes confites en douceurs charment encore les yeux, tandis qu'à côté, semblables aux épaves du naufrage des ambitions, s'étalent les œuvres démesurées d'artistes modernes : presque toujours ce sont les fils du pays, les prodiges départementaux, qui, d'une aile imprudente, ont tenté de s'élever jusqu'aux cimes du grand art. Pour un talent qui perce, combien s'éteignent prématurément ou reviennent peupler les musées de province ! On y rencontre de faux David qui n'ont que de l'emphase, de faux Géricault dont le pinceau est trempé dans l'encre, de faux Delacroix tombés dans le mélodrame. Paris ne saura jamais ce que coûtent ses jouissances. Sur ce point, la générosité de nos villes est inépuisable. A la moindre lueur de talent, elles expédient le futur grand homme à l'École des beaux-arts, payent sa pension, admirent naïvement ses productions. Quand l'échec est indiscutable, ces mères indulgentes restent seules convaincues du mérite de leurs fils et recueillent pieusement les reliques de ces martyrs de l'idéal.

Mais ce qui m'attire et me retient, c'est une série de vieux tableaux et de gravures, à travers lesquels on peut suivre toutes les destinées de la ville. Voici d'abord une miniature du moyen âge, pleine de gaucherie dans la recherche de l'exactitude. Les clochers y prennent beaucoup de place et les remparts sont tracés dans tout leur développement, sans aucune perspective, comme sur un plan. Plus nette et plus précise sous le burin de Callot, la silhouette connue domine tout un peuple de figures sveltes : des épées fanfaronnes relèvent des capes à l'espagnole. Un tableau plus ample représente une fête sous Louis XIV, à l'occasion de l'entrée d'un prince du sang. L'artiste, préoccupé de grandeur, a exagéré la perspective; il donne à l'hôtel de ville les proportions d'un Versailles. Les peintres de cette époque trichent toujours avec la vérité; ils lui mettent des talons et une perruque. Mais, sous ces dehors pompeux, je retrouve le profil connu des vieilles tours, et c'est toujours la même ville. C'est encore elle que ce graveur du XVIIIe siècle a surchargée d'ornements parasites; on dirait qu'il s'est fait un plaisir de chiffonner la réalité avec le dernier sans-gêne. Sous ses doigts, la ville semble une vieille femme qui aurait mis de la poudre et des mouches. Enfin, elle nous apparaît une dernière fois, bourgeoise et propre, dans un tableau d'une platitude rare qui porte la date de 1830. Le peintre a copié comme à la loupe les maisons de la grande place, sans oublier certaine tache de plâtre qui tire l'œil, tandis qu'au premier plan un ouvrier sentimental, dont la blouse est d'un fini admirable, se jette dans les bras d'un étudiant sublime.

Ainsi, depuis un temps reculé, des yeux différents

contemplent les mêmes murs à travers le prisme changeant des idées. Ainsi chaque époque, asservie en quelque sorte au rêve particulier qui l'obsède, altère les proportions, modifie le contour extérieur des mêmes objets sans en abolir les lignes essentielles. Au milieu des interprétations les plus variées, la physionomie de la ville persiste depuis le XIIIe siècle, et conserve son unité. Cependant, elle reflète en passant l'aspect des mœurs, grâce aux images plus ou moins troublées que chaque siècle nous en a transmises. L'antique cité s'est modelée sur l'humeur changeante des hommes : elle s'est faite tour à tour majestueuse ou riante, aristocratique ou bourgeoise, tout en demeurant identique à elle-même. Quand on sort du musée, quand on la retrouve debout sous son ciel nuageux, on éprouve le même sentiment de respect qu'en présence d'un chêne dont le tronc renferme la sève accumulée des siècles et dont le front se couvre tous les ans d'un jeune feuillage.

CHAPITRE X

BOUTIQUES ET SALONS

Le Français des grandes villes est un être sociable et naturellement bon enfant, que la vanité isole et que la politique aigrit. Voilà ce qui saute aux yeux dès qu'on passe des édifices aux habitants.

Le bourgeois connaît à peine ses fournisseurs. Il ignore complètement les ouvriers. Il a fallu la terrible secousse de 1870 pour rapprocher tout le monde et pour confondre les rangs. On a vu alors sortir des taudis et des palais, des boutiques et des hôtels, des hommes qui, traversant tous les jours la même rue, ne s'étaient jamais regardés. Pour la première fois ils se dévisagèrent avec étonnement. De jeunes avocats, dont la faconde commençait à fleurir, fraternisèrent autrement qu'en paroles avec des charpentiers et des serruriers; ceux-ci reconnurent, pendant quelques mois, que tous les fils de la bourgeoisie n'étaient pas des fainéants. Après quoi, la paix faite, chacun rentra dans son trou; il ne fut plus question de fraternité. Tout au plus, de loin en loin, les souvenirs de la guerre font encore battre les cœurs. Au service, entre territoriaux, l'ancienne camaraderie renaît. Dernièrement, dans un grand incendie, la seule présence d'un ex-officier de mobiles, fort aimé de ses hommes, donnait un élan incroyable aux ouvriers et disciplinait la foule. Mais, dans la vie ordinaire, chacun vit pour soi; les classes croiraient manquer à leurs principes si elles ne coupaient court à toute sympathie déplacée.

Si l'on peut constater un certain réveil de l'esprit d'association, c'est en bas, dans l'atelier et dans la boutique. Ces gens de peu prennent l'habitude de se divertir et même de s'entr'aider sans nous demander la permission. Il est vrai que, pour nous intéresser à eux, il faudrait surmonter des répugnances invétérées. Les fanfares incohérentes qui errent le dimanche sur les chemins de fer et qui, à chaque station, nous régalent de leurs cuivres enroués; les chansons de café-concert répétées en chœur avec une voix de gorge; toute cette gaieté de barrière, ces lazzi banals comme les rues, ces interpellations intempestives mêlées de cris d'animaux, voilà de quoi nous faire fuir au bout du monde. Le bourgeois, que ce tapage importune, voue à tous les dieux infernaux les droits de l'homme et du citoyen. De plus, il a le désagrément d'apercevoir ses propres travers démesurément grossis dans les couches inférieures de la société. C'est un miroir déplaisant qui lui renvoie ses traits en les déformant. Idées d'emprunt, bribes d'éducation, sentimentalité fausse, gaudriole tombant dans l'ordure, tous les vieux galons dont se pare ce sosie de bas étage viennent de nous en droite ligne. La plaisanterie tourne chez lui à la farce de tréteaux et l'émotion à la grimace. Notre septicisme, discrètement voilé sous les dehors du savoir-vivre, produit, dans les seconds rôles, les mangeurs de prêtres et les fanfarons d'incrédulité. Nos arts mêmes, ce mets des délicats, revêtent pour eux une couleur emphatique et vulgaire. Ces pauvres diables poussent jusqu'à l'indigestion notre goût du théâtre et du roman. Ils sont repus de littérature malsaine et de drames écœurants. Faut-il parler de leur politique? Assez faciles à vivre quand on les prend un par un, ils deviennent intraitables dans une réunion publique. Tout le monde connaît cette averse de phrases filandreuses que le dernier des Figaros verse, avec son eau de Portugal, sur la tête du client : c'est ainsi qu'on raisonne dans ce milieu-là. Évidemment la politique leur paraît une outre gonflée de vent qu'on se renvoie d'une main plus ou moins adroite. Si on leur demandait pour quel motif ils réclament avec tant d'insistance, du fond de leur province, la mairie centrale de Paris, en l'honneur de quel saint ils célèbrent, à grand renfort de petit bleu, l'anniversaire du 18 mars, ils seraient sans doute fort embarrassés. Toute leur joie est de contempler les figures effarées des badauds et de jouer, comme de vrais gamins, avec le feu.

Malgré tant de défauts qui agacent les nerfs, leurs actes sont plus raisonnables que leurs paroles. Tout n'est point à critiquer dans ces banquets un peu bruyants qui les réunissent périodiquement. Les retours des fanfares sont parfois pénibles, mais les départs sont magnifiques; et quand elles marchent bien en ordre avec leurs bannières frangées d'or et constellées de médailles, quand de braves gens, heureux de parader sous une coiffure militaire, se délassent du travail de la semaine en soufflant à pleins poumons dans leurs instruments, bien sot qui s'en formaliserait. On peut rire tant qu'on voudra des sociétés de gymnastique, des sociétés chorales, des sociétés de tir et, en général, du penchant qui pousse les hommes à marcher au pas, musique en tête : mais c'est un bon emploi du dimanche. Il ne me déplaît pas de voir défiler ces guêtres de troupiers, ces ceintures multicolores, ces reins bien cambrés. Un de mes amis, qui s'est fait nommer capitaine de pompiers tout exprès, dit que ces petites corporations ouvertes sont excellentes, qu'on les tourne aisément vers un but bienfaisant. Il a fondé, pour son compte, deux ou trois caisses de secours mutuels avec l'excédent des cotisations. Mon ami, qui est certainement un original, affirme que tous ces cerveaux subalternes sont en ébullition, qu'ils se débrouillent, que nous avons grand tort de ne pas les étudier de plus près.

Depuis quatre ou cinq ans, la ville possède un nouveau groupe, d'intentions bien pacifiques : celui des « joyeux touristes du département ». Il se compose d'artisans et de petits employés. Les jours de congé, les « joyeux touristes » partent en bande pour faire des excursions pédestres aux environs. Ils dînent ensemble dans quelque auberge de village et rentrent le soir harassés et contents. Les uns cherchent des insectes et piquent triomphalement leurs trouvailles sur leur chapeau ; les autres portent une boîte verte pour herboriser. Ils ont, bien entendu, leur musique ; au départ et au retour, dès l'aurore ou vers minuit, en passant devant les hôtels endormis, ils déchaînent leurs trombones, afin que nul n'en ignore. La vieille ville se frotte les yeux ; elle ne reconnaît plus ses enfants. Nous-mêmes, pour la plupart, ne sommes-nous pas fort étonnés, lorsque dans les cérémonies publiques, aux grandes funérailles par exemple, nous voyons sortir de terre ces milliers d'associations dont nous ne soupçonnions même pas l'existence? Leurs devises, sans doute, ne nous plaisent guère. Leur panache rappelle un peu trop le casque de Mangin. Le mystère puéril dont s'enveloppent les loges maçonniques, les triangles entourés de lauriers, les bannières trop rouges, les prétentions des amis de la libre pensée, surtout le fracas de cette ligue qui prétend nous donner des leçons de patriotisme, toute cette mise en scène froisse le bon goût. Mais, à la réflexion, nous sommes plus équitables : nous sentons qu'il faut nous défaire de certains préjugés; que toute liberté, pour être féconde, doit être mélangée d'éléments impurs, et que toutes ces associations, parfois si enfantines, ont du moins sur nos conceptions abstraites un avantage énorme : celui d'exister.

La haute classe, au contraire, n'a qu'une préoccupation : c'est d'éviter le contact des gens mal élevés. Plus elle perd l'empire des faits, plus elle se montre exigeante dans le domaine des bienséances. Pour la vie sociale, 1789 est comme non avenu. La noblesse vit à part et ne voit guère la haute bourgeoisie. Les gros commerçants ne connaissent pas les petits. La magistrature forme à son tour une caste séparée dans le sein de la colonie. Les fonctionnaires arrivent, se déplacent, se visitent froidement et n'osent pas s'inviter, parce qu'il faudrait convier tous leurs confrères, beaucoup trop nombreux. Dans les garnisons, les armes savantes dédaignent la ligne et sont dédaignées de la cavalerie.

Naturellement, la morgue des nobles est la plus tenace. Le personnel du quartier aristocratique est le même que celui des châteaux. Il vient ici pour mieux montrer qu'il boude. En 1871, dans le désarroi qui suivit l'armistice, les hasards de la route me rapprochèrent, moi, jeune étudiant, d'un hobereau fort entêté de sa qualité. Jamais je n'eus un meilleur compagnon, d'humeur plus ouverte et plus familière. A nous entendre, on eût dit deux vieux amis dénués d'esprit de parti, cherchant la vérité avec une franchise ingénue. Déjà nous apercevions les toits de la ville. Lorsque les tours de la cathédrale parurent à nos yeux, les manières de mon compagnon devinrent plus réservées. La conversation tomba. En ville, il paraissait embarrassé de ma présence et s'arrêtait à chaque pas pour parler à des gens qui me toisaient de la tête aux pieds. Je m'esquivai discrètement ; depuis cette époque, je ne l'ai point revu. Ce bon vivant, rendu pour quelques heures à sa véritable nature, délivré des échasses de l'opinion, se guindait de nouveau sur ses préjugés, dès qu'il respirait l'air natal.

Le gros commerce a presque autant de hauteur.

Il ne voit ni les professeurs, parce qu'ils sont trop pauvres, ni les fonctionnaires, parce qu'ils entretiennent des relations coupables avec le gouvernement. Par contre, on s'accable de dîners. A mesure que les vraies réunions deviennent rares, manger ensemble paraît le point capital de l'existence. D'abord il est facile de limiter le nombre des convives. Il y a les dîners professionnels, les dîners de famille, les dîners politiques. Ce qu'on voit le moins, c'est une société de gens aimables se réunissant autour d'une table pour déraisonner agréablement sous l'influence d'un vin généreux. Nos dîners de province ne sont que trop corrects. On n'y épargne ni les fleurs, ni les truffes, ni l'argenterie. La salle à manger exhale ce parfum de cave et de mousse humide qu'on remarque dans la boutique d'un fleuriste. Rien ne tempère l'effet réfrigérant d'un luxe à outrance. Il semble qu'on respire une odeur fade de bien-être coûteux jusque dans la parure des femmes, dans leur air ennuyé, dans leur pose indolente. Leur ton tranchant dénote une indifférence engendrée par la satiété. Leur moindre geste souligne le chiffre de leurs millions. Elles ne manquent cependant pas d'esprit quand elles veulent. Ce qui leur fait défaut, c'est la curiosité, la grâce intellectuelle, c'est-à-dire le mélange des qualités du cœur avec le mouvement de l'esprit. Toute cette richesse a poussé trop vite. Elle est sans saveur, comme les fruits de serre chaude, qui semblent faits pour les yeux, non pour la bouche. Quand on s'est battu les flancs pendant une soirée pour éveiller l'attention d'une voisine chargée de diamants et d'ennui, on se lasse de contempler ces statues somptueuses et muettes. Le fumoir seul offre des compensations. Là, au moins, les hommes se mettent à l'aise et se montrent tels qu'ils sont. Ils deviennent tout à coup loquaces dans ce nuage de fumée âcre qui fait tousser. Dire qu'il coule de leurs lèvres du nectar et de l'ambroisie, ce serait abuser des mots. Mais ils sont si heureux de n'être plus sous les yeux des femmes, de quitter leur tenue d'emprunt, de s'étaler sur les sofas, de se rappeler leurs grosses aventures de jeunesse, avec un clignement d'yeux et des tapes amicales sur l'épaule! C'est un moment unique à saisir, comme le repas des phoques, au Jardin d'acclimatation. Dans leurs ébats légèrement vulgaires, ils ont des gaietés de marsouins; ils font jaillir l'eau de tous les côtés. Nous apercevons enfin, derrière le masque de convention, de bons bourgeois sans gêne, vifs d'intelligence et mobiles de gestes, gaulois de propos, adorant leur métier, parlant tous à la fois, prenant le bruit pour la discussion, en somme, très rapprochés du type populaire qu'ils méprisent.

Il est cependant, au sein de notre bonne ville, un terrain neutre sur lequel les hautes puissances peuvent se voir sans se compromettre : c'est l'officine d'un libraire. Encore a-t-il fallu que ce libraire fût un homme de beaucoup d'esprit. On entre là pour feuilleter le livre nouveau. La conversation s'engage par hasard. On cueille sans effort, en fait de nouvelles et d'idées, le dessus du panier. La porte fermée, on ne se connaît plus, on échange un salut à distance. La maîtresse de la maison est d'ailleurs fort accommodante. Très souvent les habitués entr'ouvrent la porte, font un signe d'amitié à la bonne dame, et s'en vont sans plus de cérémonie. Ainsi les bourgeois de quelque valeur vont chercher presque dans la rue des distractions intellectuelles qu'ils ne trouvent pas à leur foyer.

C'est un spectacle curieux que de voir toute une partie de la nation, et la plus riche sinon la plus éclairée, choisir ses opinions comme on choisit un chapeau, en consultant les modes. En ce moment par exemple, l'opinion républicaine est mal portée. On n'est admis dans certains salons qu'avec un air ancien régime. Quel régime? Peu importe. Le principal est de détester la République, et autant que possible, de tourner en ridicule la démocratie. Si l'on s'expliquait, ce serait la confusion des langues et la tour de Babel. Mais on évite les explications. N'es-

....

sayez pas, dans un tel milieu, de plaider les circonstances atténuantes en faveur de vos contemporains. On vous arrêterait par un sourire de pitié, par des yeux levés au ciel. Il y a des questions qu'on n'aborde pas, des noms qu'on ne doit pas prononcer. Il faudrait ouvrir les fenêtres pour en dissiper l'odeur. Partez de ce principe que tout va nécessairement mal, que nous sommes en pleine décadence, à l'exception de quelques élus que le feu du ciel épargnera. Si les désastres ne sont point encore arrivés, ils arriveront demain. Si demain tout est tranquille, ce sont les faits qui ont tort. Les membres les plus intelligents du parti se contentent de poser comme axiome ce qu'il faudrait démontrer. Un écrivain commence son livre par la phrase suivante : « On n'a jamais vu de nation subsister sous la forme républicaine... » Le reste découle naturellement. Telle est la tyrannie de la coterie, que les esprits les plus libres osent à peine s'y soustraire. La raison en est simple. Ils tiennent à leur monde encore plus qu'à leurs idées.

Toutes ces classifications, en apparence si absolues, ne sont pas fort anciennes. Nous les avons vues naître et se consolider d'année en année. Aujourd'hui les positions sont prises : mais en 1872 il n'y avait rien de fixe. Pendant que l'Assemblée nationale se débattait dans les subtilités du pacte de

Bordeaux, notre société provinciale, habituée à suivre une impulsion quelconque, ne savait où prendre son mot d'ordre. Il subsistait encore des traces de l'alliance contractée sous l'empire entre les partis vaincus. On voyait se succéder dans les mêmes salons un partisan des principes parlementaires, un royaliste fougueux, quelques vieux revenants de 1848 dont le lyrisme ne trouvait point d'écho, des adorateurs du sabre un peu honteux de leur culte. Aujourd'hui la haute société a fait son choix. Elle est royaliste et cléricale. On l'étonnerait beaucoup si on lui rappelait qu'elle n'a pas toujours eu des principes aussi arrêtés. Les femmes ont joué un grand rôle dans cette émigration à l'intérieur. Gambetta eût-il été le plus modéré des hommes, elles ne lui auraient pas pardonné ses allures de tribun. Le reproche le plus sanglant qu'elles adressent aux républicains, c'est de manquer d'éducation. Leur verve moqueuse s'exerce de préférence contre les femmes des hauts fonctionnaires, lorsque celles-ci portent un peu gauchement la toilette. Comme pour mieux marquer le caractère de cette singulière opposition, si impuissante et si hautaine, les reines de la mode sont aussi celles de l'opinion.

Nous connaissons cependant quelques intérieurs dont les principes invariables commandent le respect. Il est bon d'y pénétrer : on apprend ainsi à connaître la vieille France. Une demoiselle fort mûre et de haute naissance habite une grande maison solitaire, dont les fenêtres dominent les anciens remparts et la campagne. De sa chambre, paisible comme une chapelle, et protégée par un double châssis, on embrasse un immense horizon. L'aspect d'un ciel souvent agité, traversé par des rafales fait contraste avec le silence et la paix de cette demeure, tout imprégnée d'un parfum de cierges et d'eau bénite. L'âme de la maîtresse du logis n'est pas moins close aux influences du dehors; cependant elle regarde avec curiosité le spectacle du siècle, de même qu'à travers la vitre elle aime à contempler l'orage sans l'entendre. Elle a été très belle en son temps; de son ancienne beauté il est resté l'aisance et la grâce. L'âge a plutôt terni que creusé son visage. Ses yeux encore très vifs, ses cheveux partagés en bandeaux plats, semés de quelques fils d'argent, sa bouche fine, un peu pincée, composeraient un ensemble agréable s'il ne s'y joignait une expression dédaigneuse. Quand elle cause, les bras serrés sous un châle de dentelles qui dessine sa taille, elle ramène une de ses mains sous son menton, et penche sa tête avec un air de méditation mélancolique, dans la pose de la Polymnie du Louvre. Cette attitude était fort à la mode vers 1845. Sa conversation est scandée de soupirs et de sous-entendus. Elle accentue chaque mot comme si le sens naturel des phrases ne pouvait contenir une infinité de choses qu'elle veut y mettre. Elle a coutume de dire, en parlant de son entourage : « Nous autres, carlistes!... » expression mystérieuse, si l'on ne savait que, sous Louis-Philippe, les légitimistes français se désignaient eux-mêmes par le nom de la faction que la politique du roi-citoyen combattait en Espagne.

Une douzaine de ces carlistes en cheveux gris se réunissent ici le soir pour faire leur partie de whist et forment le plus étonnant assemblage d'opinions dogmatiques. L'un d'eux surtout, avec sa longue figure pâle et son fanatisme inflexible, a été surnommé dans la ville « le duc d'Albe », et paraît réellement un échappé de l'Escurial, tout prêt à rallumer les bûchers de l'Inquisition : au demeurant, le meilleur homme du monde. Il aurait fallu à ces gens-là, non pas un Louis XVIII, mais le Louis XIV des dragonnades, ou le Charles X des ordonnances. A pareille hauteur, ils confondent dans le même mépris toute la pourriture du siècle. Empire, république, royauté constitutionnelle, c'est tout un pour eux. Contre la maison d'Orléans, leurs griefs prennent la proportion d'une haine de famille. Les protestants seuls ont le privilège de les irriter davantage. Ces deux erreurs de l'humanité, la réforme religieuse et le régime parlementaire, leur paraissent la source de tous nos maux. Nous avons entendu un prédicateur en renom raisonner de la manière suivante : Tous les désordres sociaux, et notamment la Commune, ont pour origine la querelle de Philippe le Bel et de Boniface VIII. En effet, l'humiliation de la papauté a produit le grand schisme. Du grand schisme est née la réforme. Celle-ci a enfanté le *Discours sur la méthode*, et de cette philosophie pernicieuse, l'esprit d'examen s'est répandu sur toute les connaissances humaines : après Descartes, Montesquieu; après Montesquieu, Rousseau et Voltaire, qui sont les pères de la Révolution, laquelle dure encore et conduit à l'anarchie et à la mort. Ce raisonnement à la Purgon forme, pour les ultras, le seul credo politique. Il y a de mauvais journaux : donc il faut bâillonner la presse. Notre raison nous égare quelquefois : donc il faut asservir la raison. En d'autres termes, il y a des ivrognes: donc il faut supprimer le vin.

Le plus piquant, c'est que, dans ce cercle intime, on admet un vrai fils de conventionnel, un petit homme à raisonnements carrés, qui, sur certains points, dépasse Saint-Just : l'existence de Dieu lui paraît une hypothèse tout à fait contestable. Par quel mystère ces intolérances peuvent-elles se supporter mutuellement? Apparemment la distance est moins grande entre sectaires de droite et de gauche qu'entre tous les deux et les hommes d'opinion moyenne. Les chevau-légers, formant la majorité, ne sont pas fâchés d'avoir sous les yeux une démonstration vivante en faveur de leur doctrine. « Car enfin, disent-ils, entre la foi aveugle et la négation absolue, on ne peut s'arrêter à mi-chemin. Voyez plutôt cet infortuné... » Il s'ouvre alors des discussions épiques. Tandis que la maîtresse de maison verse aux assaillants une pâle décoction sous le nom de thé, ceux-ci, tout en battant les cartes, fondent de tous les côtés sur le libre penseur comme sur une proie, et l'accablent d'une grêle de flèches. Il fait tête en homme de courage, riposte vigoureusement, daube sur les préjugés gothiques. La bataille continue, sans issue possible, entre les champions bardés de fer et le petit fantassin agile, jusqu'au moment où chacun s'en va coucher fort satisfait de son personnage. Il m'est arrivé souvent, après avoir respiré cette atmosphère d'un autre siècle, de me pincer pour m'assurer que j'étais bien éveillé. On comprend qu'à la longue les fidèles d'une petite secte, à force d'entendre le même son, croient sérieusement qu'il n'y a qu'une cloche. En sortant de cette maison hospitalière, il me fallait dévorer cinq ou six journaux pour retrouver le diapason du siècle.

D'autres familles, sans aucun préjugé de caste, sans souci de la mode, avec beaucoup d'ouverture d'esprit et de connaissances, professent des opinions qui paraissent arriérées, mais qui peuvent se défendre. C'est l'ancienne France qui regarde vivre la nouvelle, et la juge avec un grand détachement. Au siècle dernier, la haute société était plus libérale que son temps. Aujourd'hui, la thèse est retournée : l'humeur frondeuse s'exerce aux dépens des faiseurs de réformes.

Arrêtons-nous devant cet hôtel spacieux, d'apparence modeste, qui ouvre ses lourdes arcades au fond d'une rue peu fréquentée. On nous introduit dans une pièce très haute, un peu sombre, où se tient un petit vieillard fort alerte, malgré ses quatre-vingt-sept ans. C'est le doyen des négociants de la place. Il porte encore, comme jadis, la cravate blanche enroulée plusieurs fois autour du cou. Son visage sec et bleuâtre, rasé de près, respire un enjouement spirituel. Il passe constamment sur ses lèvres une petite langue acérée. Son sarcasme ne blesse jamais, tant le goût de la satire est tempéré chez lui par des habitudes de courtoisie. Quand on le contredit, le mouvement silencieux de sa bouche devient plus rapide et plus saccadé ; mais il se possède et plaisante au lieu de s'emporter. On doit y regarder de près pour discerner, sous sa bienveillance, une certaine ironie voilée. Les fils, mariés, plusieurs fois pères, vivent sous le même toit ; ils ont de la bonhomie, avec moins de feu et de vivacité. L'aîné grisonne; il a le regard en dedans des hommes absorbés par les recherches scientifiques. D'abord collectionneur, de proche en proche, son esprit exact s'est tourné vers la haute culture intellectuelle. A sa place, un Anglais eût considéré la fortune comme un levier : il en aurait décuplé la puissance par le crédit. De l'autre côté du détroit, on veut agir et gouverner ; ici, savoir et comprendre.

Au dîner de famille, les brus se groupent autour de l'aïeul. Quelques-unes ont déjà passé fleur, mais elles ont une gaieté tranquille, un ton à la fois caressant et réservé d'un charme extrême. C'est dans les yeux des femmes qu'on peut lire l'histoire de la maison. La paix du cœur, le bonheur intime, quelques pleurs versés sur les tristesses inévitables, tout y a laissé sa trace. La politesse un peu froide des hommes devient ici bonté communicative et s'épanouit en grâce pénétrante.

Cependant, le patriarche s'est animé en causant. Au dessert, il fait passer un certain rhum d'une couleur sombre, d'une chaleur et d'une force remarquables, qui a, dit-il, cent ans de date. Tout son passé lui apparaît dans la transparence de cette topaze brûlée, où dort depuis si longtemps un rayon du soleil des tropiques. Il raconte ses premières armes, ses traversées, décrit, comme s'il s'agissait d'hier, une spéculation que fit son père pendant le blocus continental. Il a connu les négociants d'autrefois, leurs allures de grands seigneurs. Il fait revivre sous nos yeux des figures entrevues dans des miniatures pâlies, des têtes poudrées, des visages satisfaits et solennels sur de hautes cravates, des nègres à livrée rouge et or, des patrons de navire à mine de forbans, tour à tour commerçants, flibustiers et corsaires, — car à cette époque on naviguait le pistolet au poing, le bateau marchand était armé pour la défense et pour la course. Toute l'audace de ces temps héroïques, toute l'ampleur d'un commerce aristocratique, le goût des produits chers et fins, la bonne foi des transactions, les relations lentes, mais solidement formées, voilà ce que l'esprit, doucement excité, croit apercevoir dans une goutte de vieux rhum.

Au fond, la carrière de cet industriel résume admirablement les oscillations par lesquelles a passé toute notre bourgeoisie locale; elle explique ses incurables défiances. Il entre dans les affaires vers 1813. On trafique entre deux guerres, ou plutôt c'est une guerre perpétuelle. Il se tient coi : trop heureux de n'être pas endetté quand le système s'écroule, et de rester seulement aussi gueux que devant. Avec la Restauration un peu de calme s'établit. On respire, et on engage timidement quelques opérations, non sans tourner un œil inquiet vers Sainte-Hélène, d'où le héros pourrait s'échapper. Au dehors, toutes les places sont prises. L'Inde est perdue depuis longtemps. Les trois quarts de nos colonies sont à l'eau. La porte des autres nations est à peine entre-bâillée. C'est alors que le gouvernement a l'ingénieuse idée de fermer tout à fait la nôtre par un entassement prodigieux de taxes, de surtaxes et de contre-taxes. Aux coups de fusil succède une guerre de tarifs. Que fait cependant notre négociant? Il fabrique un peu, il achète et revend : mais sans audace, car il n'a pas d'horizon. C'est un métier d'épicier en gros. Et puis on s'accoutume à la protection comme au cache-nez et à la flanelle. Quand elle vous manque, on attrape froid.

En 1830, il est dans la force de l'âge. Si le vent de la liberté commerciale enflait ses voiles, il serait temps encore de prendre le large. Mais cette liberté-là ne figure pas dans la charte. D'ailleurs, tous les matins, le digne homme lit dans son journal le récit d'une émeute ou d'un attentat. Sur dix-huit années, il en passe quinze dans les transes. Il s'enhardit en voyant durer M. Guizot. Il se tâte, il va se lancer. Il monte une grande affaire... pour 1848. Février lui apprend qu'il avait tort d'avoir confiance; les journées de juin ne sont pas pour le rassurer. Il tremble pour son coffre-fort autant que pour son usine. Le second empire lui garantit au moins la possession du premier. Mais l'empire traîne avec lui des souvenirs suspects, un grand sabre, un plumet, toutes choses dont il a horreur pour les avoir trop aimées quand il était petit. Vers 1860, lorsqu'il croit toucher au port, déjà vieux, secoué par la vague, on lui déclare soudain qu'il est libre, qu'il n'a plus besoin de protection, qu'il doit compter sur ses seules ressources; et sans consulter personne, le gouvernement lève toutes les digues, abaisse toutes les barrières. Il lui manquait encore d'être aux prises, quinze ans plus tard, avec les hésitations des assemblées. En vérité, ce n'est pas la timidité de notre commerce qui doit surprendre, c'est au contraire la vigueur d'un tempérament qui lui a permis de survivre à de tels cahots.

Les mêmes vicissitudes ont rendu toute la haute bourgeoisie timorée ou sceptique en matière politique. Avant de se renfermer dans un silence hostile, elle a passé par toutes les illusions. En feuilletant les archives de ces familles, on y trouve la trace de bien des variations. On les voit tour à tour séduites et dégoûtées par la Révolution, dominées d'abord par le prestige impérial, puis effrayées de la soif des conquêtes, désapprouvant, sous la Restauration, les vengeances et les capucinades, mais cherchant dans la royauté le point fixe d'Archimède; attendant, pour se rallier franchement, qu'un régime ait fait preuve de durée, sans cesse rejetées, par de nouvelles révolutions, dans les mêmes perplexités; rarement fanatiques, jugeant les gouvernements successifs avec une amertume de plus en plus marquée à mesure qu'ils se montrent plus caducs, et se réfugiant enfin dans le giron de l'Église, comme dans le seul édifice immuable au milieu de la mobilité du siècle.

J'ai sous la main une liasse de lettres, toutes jaunies par le temps, dans lesquelles un bourgeois a consigné sans préméditation l'histoire de sa vie depuis 1805 jusqu'à 1852. Cette correspondance n'offre par elle-même rien de saillant : l'écriture est magistrale, les phrases d'une longueur démesurée, les faits noyés dans la pompe des maximes générales. Mais l'auteur des lettres représente fidèlement la moyenne de sa génération. Cet homme, qui, dans les dernières années de sa vie, passait pour le légitimiste le plus ferme, a été pourvoyeur aux armées en 1806, maître des postes en 1814, et il sollicitait une place de sous-préfet pendant les Cent-Jours. Son langage, tout gonflé au début de l'emphase révolutionnaire, prend à la fin une teinte religieuse. Il est parti de Diderot pour arriver à Joseph de Maistre. Après avoir cru à tant de choses et subi de si cruels démentis, après avoir épuisé toutes les formes de l'enthousiasme et de l'indignation, il s'est arrêté sur le seul terrain qui ne se dérobât pas. L'ancienne bourgeoisie dirait volontiers, de même qu'un vieux prêtre qu'on poursuivait d'objections théologiques : « Je suis las de controverses. Laissez-moi me reposer dans une foi quelconque et en jouir, avant de mourir. »

Ainsi la bourgeoisie des villes, moins apte au gouvernement que celle des campagnes, vit comme étrangère au reste de la nation. Elle est assurément fort respectable ; elle a de grandes vertus privées. Mais elle ne sait ni grouper les hommes, ni les conduire. Hardie dans ses jugements, timide dans ses actes, elle forme des coteries, c'est-à-dire de petits conservatoires de traditions étroites, et non des associations fécondes, exposées à l'air libre. En offrant à la foule un idéal contraire à ses aspirations, elle se condamne à l'avortement. Elle se réfugie alors dans une indifférence hautaine, et, comme tous les vaincus, se console de l'inaction par des railleries. Même les habitudes laborieuses d'une partie de ses membres tournent contre elle et ne la préparent pas à la vie publique. Ses aptitudes professionnelles manquent d'élasticité, de variété. Lorsque, après fortune faite, ce petit courant d'activité s'arrête, il ne reste plus rien. Le bourgeois ressemble alors à une pendule dont on ôterait le balancier. Il cesse de marquer l'heure.

Dans l'ordre social, ces mœurs comportent un certain appauvrissement. Si l'on juge les hommes par l'idéal qu'ils poursuivent, celui de la bonne société devient un personnage contenu, court de geste, craignant le ridicule, dépourvu d'autorité virile, analysant ses passions et s'abandonnant à des rêveries sans but. La religion du moi peuple le monde et les livres d'Olympios en habit noir. Quant à la morale courante, c'est le manuel de la civilité puérile et honnête. Elle demande moins de rigidité que de correction, proscrit les émotions trop vives, les opinions trop libres et les passions trop fortes. Cette sagesse mesquine, auprès de l'audace populaire, c'est le parfum discret d'un jardin de curé au lieu des âpres senteurs de l'Océan.

CHAPITRE XI

COUP D'ŒIL D'ENSEMBLE

Un grand bal de bienfaisance doit être donné au théâtre, au profit des œuvres laïques. Selon sa coutume, la noblesse s'abstient. Tandis que le lustre du théâtre resplendit joyeusement, elle allume sa veilleuse et s'ennuie avec dignité derrière ses murs gris. Une dizaine de familles bourgeoises, servilement entraînées dans l'orbite de ces astres intermittents, se tient également à l'écart, au grand désespoir des jeunes filles, qui n'ont pas dansé de tout l'hiver et qui valseraient volontiers sur les dissentiments politiques. En revanche, tout le reste de la ville viendra. Le prétexte bienfaisant fait taire les divisions de partis. Non seulement le chef-lieu, mais les petits centres départementaux se mettent en branle et députent à la métropole des bataillons plus robustes qu'élégants. Les lignes d'intérêt local regorgent de figures fraîchement rasées, de cheveux tout luisants de pommade, de bons petits visages féminins étonnés et affairés, que leurs toilettes suivent enfermées dans d'énormes caisses. Des mains hâlées s'exercent à pénétrer dans des paires de gants d'un numéro superlatif. A la même heure, les habitants des beaux hôtels de la ville se consultent : Irons-nous ? Au fond, ils savent parfaitement qu'ils iront. Depuis quinze jours, les doigts de toutes les couturières sont occupés à froisser la gaze et à plisser la dentelle. Déjà le coiffeur est à l'œuvre, et l'on feint encore d'hésiter. « Quoi ! ma chère, vous irez à cette horreur de bal ? — Que voulez-vous, ma chère ! il faut bien faire aller le commerce. Ces pauvres gens ont gagné si peu cet hiver. Et puis, mon mari a des obligations. Une femme doit faire certains sacrifices, etc. » Bref, on y va, non sans avoir étudié dans le boudoir une entrée pleine de condescendance : la tête légèrement penchée en arrière, la démarche languissante, et ces mouvements d'épaules résignés qui semblent dire aux amis : « Vous voyez ! nous y sommes, mais à notre corps défendant. Il faut prendre la chose en plaisanterie. »

Cependant, le préfet se promène de long en large dans son cabinet : il se demande si la fête réussira. Il en a mûri le plan, guidé par la main légère de sa femme. Il voulait d'abord donner un grand bal à la préfecture, mais son bon ange lui a insinué que le drapeau préfectoral effrayerait beaucoup de gens, qu'une fête de bienfaisance était un gage de neutralité : on ne tire point sur la croix rouge de la société de Genève. Aussi la conception de ce bal est un chef-d'œuvre de diplomatie. Des adversaires de dix ans doivent s'y rencontrer, comme par surprise. Une manœuvre bien conduite, un mot lancé à propos, peuvent faire tomber les résistances de cinq ou six cantons. Le premier magistrat du département, après avoir aiguisé la pointe de ses intrigues, revêt, avec sa cravate blanche, son air de cérémonie, et contemple avec satisfaction dans la glace les traits d'un petit Machiavel.

Mais le plus affairé, c'est le maire de la ville, candidat à la députation, qui se considère, lui aussi, comme l'inventeur de la fête et qui compte en faire un tremplin électoral. Il emporte cinq ou six paires de gants : ce sont des relais pour les nombreuses poignées de main qu'il doit distribuer sur son passage.

La fête est dans son plein. On a fort habilement disposé, pour descendre dans la salle, un grand escalier à la Véronèse, tout tendu de velours rouge. Sur les marches, les traînes se déploient en plis audacieux. Les corsages se cambrent en s'appuyant sur le velours des rampes. Les bras, gantés jusqu'au coude, supportent des têtes blondes ou brunes qui se penchent sur les balustrades. Une chaîne capricieuse de petits groupes se noue et se dénoue selon le hasard des causeries. Elles paraissent charmantes, toutes ces provinciales, semées en bouquets épars, et chuchotant derrière les éventails. Elles ont plus de sève que les Parisiennes. Leur grâce n'a rien d'alangui. Elles rient et s'amusent de bon cœur. On voit bien, par-ci par-là, quelques bras rouges. On remarque dans les mouvements plus de force que de finesse. Mais cette brusquerie même n'est pas sans charme. Tous les petits pieds frétillent à l'appel de l'orchestre, et les danseuses, au lieu de rester empêtrées dans leurs atours, relèvent, avec une vivacité d'enfants robustes, les longues queues des robes, afin de danser plus commodément.

Les hommes ont d'abord formé une espèce de bataillon carré au milieu de la salle, pour soutenir le feu convergent des regards. On dirait qu'ils ont peur de montrer leur dos à l'ennemi. La plupart ont un vague sentiment que le dos les trahit. Sans doute, ils peuvent surveiller la façade : mais les faux plis de l'habit sur les épaules, l'encolure pesante, la marque du bureau sur l'échine, voilà ce qui les inquiète, car ils sont presque tous gens de travail et n'ont point la tournure aisée des oisifs. A côté du teint pâle des jeunes gens à la mode, on reconnaît facilement les visages plus montés en couleur des habitants de la campagne : ils étouffent sous l'habit de parade. Nous retrouvons là notre ami le docteur, et tout un escadron de jeunes fonctionnaires cantonaux, propres, rondelets et roses, qui ressemblent aux figurants de l'Odéon dans une pièce de Ponsard.

Cependant, le lourd bataillon s'ébranle; il aborde l'ennemi en ordre dispersé. Les bons valseurs se détachent en éclaireurs. Le premier moment de gaucherie passé, chacun rentre dans ses allures naturelles, et tout le monde y gagne. On n'aperçoit plus les petits ridicules. Au moment où les contrebasses reprennent à l'unisson le rythme entraînant de la valse, la phrase musicale monte, emplit les voûtes, retombe en murmure voluptueux et enveloppe de son harmonie la salle éclatante et sonore, les flots de satin, le tourbillon des groupes. C'est la ville entière, la ville grisée de bruit et de lumière, que le plaisir soulève sur son aile puissante. Elle plane au-dessus du gouffre où se font et se défont les fortunes, où s'agitent les ambitions. Décidément, plus la soirée avance, plus le parti de l'insouciance l'emporte. Les dames dédaigneuses oublient leur froideur de commande et se laissent gagner par l'entrain contagieux des campagnardes. Le préfet, qui était entré d'abord avec la majesté d'un triomphateur, est un peu vexé de voir qu'on remarque à peine le premier fonctionnaire du département. Sans égard pour son importance, la course folle des groupes le froisse en passant; la cohue des irrésolus, flottant au milieu du bal, le pousse dans tous les sens; et, quand il va glisser dans l'oreille d'un personnage une période savamment préparée, l'orchestre couvre sa voix. Il semble que les violons moqueurs se jettent au travers de ses finesses et bourdonnent dans sa tête comme un essaim de mouches. Quand il se retourne, l'occasion s'est envolée, le gros personnage n'est plus là. Puis, le moyen de résister à ces rires étincelants qui vous partent de tous les côtés, à cette atmosphère vibrante! La politique est bientôt en pleine déroute. Des échos de jeunesse chantent alors dans la mémoire des administrateurs les plus fermes. Ils deviennent sémillants avec les dames, goguenards avec leurs contemporains. La majesté étudiée du maire n'a pas mieux résisté à la détente générale. Vers trois heures du matin, maire et préfet, entourés de quelques joyeux drilles, se rencontrent autour d'un souper fin; tout en sablant du champagne, ils racontent des aventures assez roides.

Le caractère saisissant de la fête réside dans le sentiment confus des intérêts, des soucis, des labeurs, sur lesquels s'étend cette surface brillante.

On ne peut s'empêcher d'y voir l'image de la mêlée démocratique. Sans doute, un observateur qui s'arme d'un monocle impitoyable et qui examine chaque groupe séparément, remarque plus d'un détail choquant ou vulgaire : l'ensemble est vigoureux et sain. Des salons seraient trop étroits pour contenir cette foule au geste exubérant; elle s'y sentirait mal à l'aise. Mais dans l'immense nef, où toutes les coteries sont noyées, elle déploie une grâce imposante et mâle.

Vigueur et santé : telle est, en effet, l'impression dominante que nous rapportons de province. Repassons, dans une vision rapide, les grands horizons, les lignes onduleuses, les blés à perte de vue, les coteaux chargés de vigne, les royales forêts percées de larges trouées, les friches que la charrue envahit; puis les gros villages avec leur odeur d'étable et de foin coupé, les petites villes endormies, les usines pleines d'une sombre activité. En même temps, les figures défilent sous nos yeux : paysans obstinés, un peu lourds ; marchands bavards et industrieux; ouvriers adroits et phraseurs; bourgeois timides et honnêtes. Presque tout le monde travaille. Par-dessus les divergences particulières, les rancunes et les rivalités de classe, plane une atmosphère de bonne humeur. Une vapeur lumineuse adoucit les angles des préjugés et des passions. Elle flotte partout, impalpable et légère. Elle déride sur la colline la vieillesse morose du château féodal; elle rafraîchit dans la plaine le laboureur qui supporte le poids du jour; elle passe comme un souffle sur le front du manœuvre ruisselant devant la gueule béante des hauts fourneaux. Le paysan, naturellement grave, n'y résiste pas : le contact de son semblable le réveille; il éclate en plaisanteries salées, en dictons, en images. Des adversaires prêts à s'entre-dévorer s'arrêtent tout à coup et se regardent en riant comme des augures. Même caractère, même climat : le nôtre est souvent excessif. La chaleur arrive, imprévue, tropicale. On sèche, on devient mauvais. Puis soudain, le vent d'ouest amène une petite brise de mer. Le lendemain on se lève avec une chanson sur les lèvres, et les cauchemars s'en vont en fumée. Si, dans un tableau du pays, on oubliait cette nuance d'insouciance et de gaieté, les tons paraîtraient criards et faux, les groupes seraient trop tranchés. Ce ne serait plus la vraie France, mais une peinture de fantaisie, poussée au noir, comme les barbouilleurs d'enseignes politiques en fabriquent tous les jours pour les besoins de la cause.

Le seul témoignage de nos yeux ne devrait-il pas

nous rassurer contre les prédictions des médecins « Tant pis? » Cette mosaïque de champs cultivés avec amour, ces riches vallées, ce réseau de routes dont les rubans clairs se croisent dans tous les sens, toute la parure sévère et gracieuse que des mains infatigables tissent continuellement sur les flancs de la vieille Cybèle, est-ce donc le linceul d'un peuple qui se meurt? Tout bourrés que nous sommes de philosophie creuse, chaque aspect de cette France trop aimée nous fait rougir d'avoir pu douter d'elle. En la voyant si belle et si vivante, dans ses horizons familiers; en contemplant la moisson nouvelle sur ce sol chèrement disputé à l'étranger, une émotion nous monte à la gorge. Jetons nos livres et laissons-nous séduire. Le muet langage des plaines, des fleuves, des bois et des collines possède une vertu secrète qui force à croire. Est-ce que l'homme ne communique pas à la terre elle-même quelque chose de sa force ou de sa faiblesse, de son courage ou de son inertie? Est-ce que les ressources d'une civilisation ne se trahissent pas dans les parfums agrestes et dans les sillons réguliers, de même que le caractère, chez les individus, se devine moins par les paroles, souvent menteuses, que par le jeu involontaire de la physionomie? Si un individu à la poitrine large, à la respiration égale, au teint reposé, nous parle de sa fin prochaine, nous haussons les épaules. A notre tour, n'imitons pas ces malades imaginaires qui cherchent le nom de leurs infirmités dans les dictionnaires de médecine. Ils n'ont pas lu vingt lignes qu'ils se croient perdus.

« Mais les hommes, dites-vous, me gâtent le pays. J'aime la campagne et je hais la province. » A coup sûr, nos compatriotes ne sont pas des anges; trop souvent brutaux, ignorants, avides, j'en conviens; — corrompus et impuissants, non pas. Leur âpreté au gain, leurs querelles, leur amour-propre sont, comme leurs solides vertus, des gages de vitalité. Ils ne ressemblent pas plus à des êtres malsains qu'une fille des champs, fraîche et drue, ne ressemble à une créature dépravée, parce qu'elle s'émancipe un jour de printemps. Virgile, ce provincial impénitent, disait de l'Italie : « Terre riche en moissons, riche en hommes. » De même, la France départementale contient des réserves de force et répare incessamment la dépense excessive d'une société raffinée. Si nos concitoyens se montrent plus entreprenants qu'aimables, croit-on que nos ancêtres, qui ont fondé la grandeur nationale, étaient des agneaux sans tache? Querelleurs et batailleurs, c'est à force de gourmades qu'ils ont conquis leur place au soleil. Ainsi font les gens d'aujourd'hui, avec des goûts moins sanguinaires. On nous crie : ce mouvement démocratique, que vous prenez pour un signe de vigueur juvénile, n'est que la fièvre des peuples en décomposition. L'histoire nous enseigne au contraire que les nations vieillies sont les nations immobiles, et que la plus grande chance de durée réside dans le renouvellement rapide des classes supérieures. Que les *décadents* aient trouvé pour eux-mêmes une expression juste, c'est possible. Ils voient jaune, parce qu'ils ont la jaunisse. Parqués dans leur petite église, aveugles pour tout le reste, ils ressemblent à ces bonzes de l'Inde qui contemplent l'univers dans leur nombril. A côté d'eux, sous leurs pieds, la sève monte, frissonne et s'épanouit.

DEUXIÈME PARTIE

LES MŒURS ADMINISTRATIVES

CHAPITRE PREMIER

L'HISTOIRE NATURELLE DES CITÉS

Ce n'est point assez de montrer que la société de province est vivante. Il faut encore savoir si elle est capable de s'organiser, de gérer ses propres affaires. On pourrait en effet concevoir un peuple intelligent, sociable, ou bien violent et passionné, mais vivace, qui n'échapperait à la férule de ses maîtres que pour glisser dans l'anarchie. Cela s'est vu dans l'histoire; c'est même le jugement qu'on forme généralement sur nous. Relisez les notes que M. Taine a rapportées d'un voyage en Angleterre et les conclusions qu'il en tire. Ces croquis si bien enlevés, d'une couleur si franche, vous amènent tout doucement à voir par les yeux de l'auteur. Il vous semble impossible qu'un observateur si exact, qui saisit les nuances des falaises, des prairies, des champs, jusqu'aux variations de l'atmosphère, se trompe sur l'état moral des peuples; et vous le croyez sur parole quand il vous dit : la vie sociale est plus agréable en France, les rapports entre les hommes y sont plus faciles, mais les Anglais seuls savent vouloir avec force, se réunir autrement que pour s'amuser, en un mot se gouverner. Vous le croirez d'autant plus, que l'éminent écrivain ne s'est pas contenté de ces impressions rapides, et qu'il a pris soin de nous expliquer, dans un grand ouvrage, comment nous sommes une race moutonnière destinée à être éternellement conduite ou égarée par des Panurges jacobins.

C'est d'ailleurs une opinion bien établie dans l'école. Elle est soutenue par de telles autorités que j'en suis presque effrayé. Depuis cinquante ans, on enseigne que l'esprit d'initiative est étouffé chez nous pas l'excès de centralisation, que nous n'avons nul souci de nos intérêts de clocher. Nous serions même incapables, en qualité de Gaulois insouciants et légers, de comprendre les beautés du *self government,* le seul produit anglais qui, de l'avis de ses inventeurs, ne soit pas fait pour l'exportation. Les admirateurs de l'Amérique ne sont pas plus indulgents pour nous. Tocqueville et Laboulaye, l'un avec sa gravité mélancolique, l'autre avec sa bonhomie railleuse, nous ont tour à tour accablés du contraste de la nouvelle Angleterre, et témoignent peu de confiance dans notre aptitude à pratiquer les modestes libertés provinciales. Tout récemment, M. Boutmy lui-même, ce maître en art constitutionnel, déclarait que la Révolution a fait table rase, qu'il n'y a plus trace en France d'institutions locales, et que rien de vivant ne s'interpose entre l'individu et l'État.

Ainsi les médecins les plus renommés se sont donné le mot pour constater, dans le corps de la nation, une atrophie partielle des extrémités, c'est-à-dire un commencement de paralysie : diagnostic d'autant plus fâcheux, que nous n'avons jamais eu si grand besoin de toutes nos forces. C'est au moment même où l'on proclame *ex cathedrâ* notre incapacité native à marcher sans lisières, que l'opinion s'insurge contre la tutelle excessive du pouvoir central, et livre à la vieille machine administrative ses plus terribles assauts.

Elle se demande s'il ne serait pas temps de simplifier des rouages coûteux et surannés. Il lui déplaît que, en cet âge de chemins de fer et de télégraphe, l'administration française reste semblable à une antique diligence, lourde, bruyante, gémissant sur ses essieux, livrée à des conducteurs aussi nombreux que voraces ; qu'elle se traîne péniblement dans les ornières, au milieu d'un bourdonnement de mouches du coche. Des observateurs compétents donnent de la précision à ces critiques et les traduisent en chiffres. Ils osent porter la main sur l'arche sainte. Un écrivain peu suspect de complaisance pour les réformes radicales a fait dernièrement le compte de ce que les fonctionnaires coûtaient au budget; il a démontré qu'on pouvait biffer d'assez jolis traitements, sans nuire au bonheur de nos concitoyens [1].

Il faudrait cependant choisir : si décidément nous sommes un peuple de grands enfants, je ne comprendrais pas qu'on osât toucher un cheveu d'un seul fonctionnaire. Ce personnage devient quelque chose de sacré, du moment qu'il est l'unique gardien des traditions administratives, le tuteur indispensable et tout-puissant. Mieux vaut cent fois payer quelques bergers de plus que de laisser le troupeau se vautrer dans la fange.

Il convient donc, avant de parler réformes, d'être exactement renseigné sur le plus ou le moins de vitalité que le ciel nous a départi. Examinons si réellement l'antique sève provinciale est tarie chez nous, si nos membres se refroidissent à vue d'œil, ou si, par un heureux hasard, des organes

1. *Les Fonctionnaires et le Budget*, par M. Cucheval-Clarigny (*Revue des Deux Mondes*, 15 août 1887).

nouveaux nous seraient poussés à notre insu, pendant ce terrible siècle, de croissance suivant les uns, de décadence selon les autres, dont l'année 1889 marque le terme.

D'abord, avant l'œuvre des hommes, celle de la nature.

Dans les disputes d'école, on oublie trop souvent ce personnage muet, cet antique Destin qui poursuit son œuvre silencieuse à travers nos décrets d'un jour. Tâchons de lui restituer sa part. L'assiette même de la vie locale est indépendante de tous les faiseurs de constitutions. Les « villes, bourgs et villages », pour employer notre vieille langue administrative, ont poussé un peu partout, comme il a plu à Dieu. Tantôt le village primitif, épanoui sur le bord d'un fleuve, s'est élevé, comme une plante grasse et vigoureuse, jusqu'à la dignité de grande ville. Tantôt c'est une fleur chétive de marécage ou de lande, dont un clocher malingre forme le point culminant. Il y a de petites villes renfrognées qui se tiennent à l'écart des grandes routes, toutes ramassées sur elles-mêmes. D'autres, d'un contour indécis, ouvertes à tout venant, comme une longue auberge, se sont étalées à l'aise sur le chemin du Roy. On dirait un être vivant qui se contracte ou se développe, suivant que le milieu lui est favorable ou hostile : ici, c'est un village serré, rasé contre terre, isolé sur les grands plateaux battus des vents, comme un troupeau de bêtes faisant tête à l'orage; là, c'est une petite ville suspendue au flanc d'un coteau, nonchalante et dispersée, qui descend d'étage en étage pour tremper le bout du pied dans la rivière. Souvent l'habitation humaine se dégage à peine de la vie obscure et inconsciente : baignée de verdure, fleurie et moussue jusque sur les toits, elle participe encore du règne végétal. Quel contraste avec la cité voisine, où les arbres des squares prolongent tristement leur existence artificielle !

Villages historiques, reconnaissables aux ruines de leurs châteaux; bourgs de gros rapport, peu soucieux d'élégance et larges comme des greniers à grains; places énormes et béantes, qui attendent le marché aux bœufs; rues tortueuses et discrètes, où s'abritent de vieilles vies fanées : tel est le cadre infiniment divers auquel doit se plier, bon gré mal gré, la symétrie des institutions administratives. C'est une magnifique et inégale végétation de toits, de pignons et de clochers, répartie d'après des lois si anciennes et si variées qu'elle paraît capricieuse, plongeant ses racines dans le sol national et s'épanouissant à la surface comme la fleur de la civilisation. En tout pays, il y a peu de jouissance aussi délicate que de contempler ces rencontres fortuites et durables de la nature et de l'homme. C'est la source principale du pittoresque. Qu'une soudaine perspective nous découvre une série de hameaux semés dans une vallée, répercutant la même silhouette jusque dans les lointains bleuâtres; qu'un village se dresse au-dessus de nos têtes, accroché aux aspérités d'un roc : nous nous arrêtons ravis, notre poitrine se dilate de plaisir. On a de la peine à croire que quelques barbouilleurs de lois, perdus dans ces fourmilières, puissent, avec un peu d'encre, modifier l'imposant travail des siècles.

Mais s'il en est ainsi de tous les pays, que dire de la France? Chez nous, la nature a poussé jusqu'aux extrêmes limites la fantaisie et la diversité. Avec une capitale de deux millions d'âmes, six cent cinquante-trois communes ont moins de cent habitants et deux en ont vingt-quatre. Qu'on se représente tous les degrés intermédiaires d'une échelle qui ne compte pas moins de 37 000 échelons!

Sur chaque terroir, la forme de l'agglomération diffère. Dans la Provence, le Roussillon et le Languedoc, les villages sont généralement compacts, assez éloignés les uns des autres. Ils couronnent souvent les hauteurs, à la manière des petites villes d'Italie. De loin, ils offrent un aspect imposant, hérissé; de près, la forteresse devient quelquefois masure. Mais telle ville, comme Carcassonne, présente encore un modèle achevé de ce municipe cuirassé que Rome a légué au moyen âge. Dans le Nord et l'Ouest, tantôt l'isolement féodal, tantôt la dispersion celtique ont laissé leur trace. Au centre, en Berry, la trame des villages est tellement lâchée, que les enfants ont deux lieues à faire pour gagner l'école. Le long des fleuves et des rivières navigables, par exemple dans le bassin de la Loire, les formations sont plus régulières. Les villages, les bourgs se succèdent à des intervalles rapprochés. C'est pain bénit de voyager à pied dans ce pays-là. Rabelais y trouvait les lieues très courtes, car on n'y marche pas une heure sans rencontrer bonne table, bon gîte et le reste. Les grandes villes se sont cantonnées sur le grand fleuve, les petites se tiennent modestement sur les affluents. Quand on s'enfonce en Bretagne et en Vendée, l'éparpillement devient extrême dans l'intérieur des terres. Mais, au bord de la mer, les villages se ramassent autour de leur clocher, qui sert de balise et de point de repère aux pêcheurs, le long des côtes. Il faut bien que toutes ces maisons de veuves s'entr'aident et se sentent les coudes. La dispersion est grande en Normandie, parmi ces grasses fermes cauchoises, isolées les unes des autres par de profondes tranchées d'arbres et de gazon. On les reconnaît de loin à leur masse de verdure solitaire; elles dominent la plaine large et vide. Là, l'unité sociale, ce n'est pas la commune, c'est la ferme, avec sa hiérarchie primitive qui descend par des transitions insensibles de l'homme jusqu'au dindon. Évidemment, l'autre société, celle que les lois ont établie entre les bipèdes sans plumes, ne vient qu'en seconde ligne. Aux environs des grandes villes, et surtout près de Paris, les villages forment une espèce de faubourg continu. Leur territoire, de plus en plus restreint, prend une valeur énorme. Il est sans cesse engraissé, saturé des détritus que produit la vie surabondante. Là, il ne s'agit pas de rassembler les brebis d'un troupeau dispersé, mais, au contraire, de voir clair dans cet enchevêtrement. Et partout quelle disproportion entre la grande ville, fière de ses vieilles traditions, toute pleine de son rôle, et le pauvre hameau qui atteint à peine l'âge de la conscience !

Que de nuances aussi dans la destinée des villes : chacune a eu son moment de gloire. Chinon, Blois, Fontainebleau, n'oublieront jamais qu'elles ont été résidences royales. Vendôme, Loches, Amboise, Parthenay, des centaines d'autres, ont été de petites capitales, des places fortes importantes qui soutenaient de terribles sièges. Au XIIe siècle, la possession de Gisors, sur la frontière du duché de Normandie, était une question de vie ou de mort pour le roi de France. Rien de plus changeant que cette apparente immobilité des murailles. Dans chacune des petites sociétés qu'elles enferment, selon les âges, la sève afflue ou se retire. On ne peut faire son tour de France sans rencontrer à chaque pas le témoignagne de ces vicissitudes locales. Tel bourg n'a pas quitté sans regret le bord d'une petite rivière où campaient autrefois les légions romaines. On voit encore les fondations d'un amphithéâtre, juste en face la colline où l'herbe et les buissons recouvrent les circonvallations du camp. Quelques siècles plus tard, le nouveau village s'est cristallisé à l'ombre du château féodal, dont les remparts, rasés à fleur de terre, servent aujourd'hui de promenade publique. Plus tard, il fallut voyager de nouveau et se rapprocher de la route royale. Le vieux bourg se croyait arrivé au terme de sa carrière : vain espoir. Deux siècles se passent, c'est-à-dire deux jours pour un être de pierre; et voilà un chemin de fer qui vient tout déranger, avec ses lignes géométriques. L'ancienne station gallo-romaine reprend sa course dans la direction de la voie ferrée. Combien de fois la vieille ville, à moitié endormie auprès de son église, contemple d'un œil jaloux l'enfant sorti de ses flancs, l'autre ville jeune, bruyante, animée, dont les maisons blanches font paraître ses murailles plus grises!

Partout la vie compense la mort. A côté des cités

qui se sont doucement assoupies, après avoir vaillamment combattu sous la Ligue et sous la Fronde, nous en verrons bien d'autres qui ont grandi trop vite, et dont les membres démesurés, pareils à ceux d'un adolescent, dépassent gauchement le vêtement administratif. A l'époque industrielle, Roubaix sort d'une toute petite graine et grandit démesurément. Saint-Nazaire creuse son port et donne des inquiétudes à Nantes. Même dans les campagnes, par exemple au milieu des grands défrichements de l'Ouest, il se forme à chaque instant des bourgs mieux agglomérés, qui montrent, dès leur naissance, une âpreté à vivre, une soif d'agrandissement, un esprit d'intrigue des plus juvéniles. Il y a même des cantons où l'on démolit les anciennes *borderies* éparses dans les champs et notoirement insuffisantes, pour reconstruire autour du noyau communal. Depuis le premier chemin de fer, c'est-à-dire depuis cinquante ans tout au plus, ces naissances et ces transformations ont été si rapides qu'on a grand'peine à tenir à jour l'état civil des communes, et qu'à chaque instant le chef-lieu de canton ou d'arrondissement est détrôné par quelque ambitieux parvenu.

Je n'y vois, pour ma part, aucune raison de croire que tout va de mal en pis. En 1388, les chanoines de Normandie se plaignent déjà de la rareté des bras dans les campagnes. Au XVIe siècle, Bernard Palissy écrit : le laboureur veut faire de son fils un monsieur. On trouverait, dans les Mémoires de Saint-Simon, des lamentations analogues. Cependant, à travers tant de vicissitudes, les campagnes se sont assez gaillardement tirées d'affaire. Les hommes chercheront toujours le point fixe d'Archimède. Ils n'admettront jamais que la terre tourne et que les courants se déplacent.

C'est qu'en effet, dans les pays doués de quelque vitalité, l'existence des cités ne ressemble pas seulement à celle des plantes, qui naissent, fleurissent et se dessèchent sur place. Elles agissent à distance les unes sur les autres; elles sont entraînées dans une espèce de gravitation qui quelquefois échappe à toutes les prévisions. Il y a ainsi des morceaux de département qui tournent le dos à leur chef-lieu et subissent l'attraction d'une ville plus favorisée. Ouvrez un instant la carte de France : le réseau compliqué des chemins, des rivières, des canaux et des voies ferrées, que vous suivez du doigt, et qui se coupent dans tous les sens, forme, autour de chaque petit centre, comme les rayons d'une étoile. Le nombre et l'importance de ces rayons déterminent assez exactement la position relative, la chaleur et la puissance de ces foyers de vie locale répandus sur tout le territoire. Les grandes villes se détachent, aux points de rencontre des lignes noires, comme les carrefours de la circulation nationale, tandis que les sous-préfectures s'enveloppent d'un plus modeste réseau. L'attraction de Paris est si forte qu'elle se fait sentir jusqu'aux extrémités du territoire. Lorsqu'on se rapproche de la capitale, cette attraction tient du vertige. Un département tout entier, celui de Seine-et-Oise, est une espèce d'anneau de Saturne que le voisinage d'une grosse planète empêche de se constituer solidement. Versailles n'est pas le centre d'un système séparé : c'est un globe refroidi qui gravite dans l'orbite d'un astre plus puissant.

Nos grandes villes, à leur tour, sont les reines d'autant de systèmes secondaires, fondés principalement sur les nécessités industrielles et commerciales. Leur sphère d'influence dépasse de beaucoup les limites d'un département. La grande loi qui préside à la formation de ces groupes, ce n'est pas l'arbitraire du législateur, c'est l'intérêt privé ; ce sont les relations libres et spontanées des hommes entre eux. Voilà la règle suprême qui arrête l'essor d'une cité au profit de sa rivale. On rencontre souvent en province de petites villes assez heureusement situées, qui ne peuvent se consoler de rester médiocres. En vain elles appellent sur leur clocher les faveurs du gouvernement. En vain elles se sont enrichies des votes de leur député. Dix ou quinze lieues plus loin, quelque grande ville fait contrepoids et tire à elle sans efforts le commerce et l'industrie de la contrée.

La réforme la plus libérale n'y changera rien. Il ne dépend pas de nous de modifier le cours des choses. En perfectionnant les moyens de transport, on a rapproché le paysan de la grande ville, et il est tout naturel que cette attraction supérieure contre-balance celle du clocher. Ces réflexions prennent un tour saisissant, lorsqu'on visite une de nos innombrables ruines féodales, et que, debout sur les glacis du château, on aperçoit en bas l'ancien bourg à tournure presque noble, avec ses toits pointus, ses pignons, ses poivrières, souvent un beffroi, une église flamboyante encore de rosaces, dont les verrières ouvragées s'illuminent au soleil couchant. Plus loin, très loin dans la plaine, on distingue les habitations neuves, dispersées comme des moutons lâchés dans la verdure. Pourquoi le troupeau ne s'est-il pas ramassé autour du vieux bercail, si intime, si chaud en hiver, si frais en été, toujours rempli de souvenirs? La réponse, demandez-la aux longs rubans de routes bien damés, séduisants à l'œil, qui s'éloignent du bourg dans toutes les directions, disparaissent un instant sous les arbres, puis filent comme une flèche et promènent une courbe légère, vaporeuse, sur les dernières collines de l'horizon. Ces routes portent des noms divers : Tours, Orléans, Bordeaux, etc. ; mais il y en a toujours une plus belle et plus engageante que les autres, qui s'appelle Paris. Voilà ce qui fait rêver le journalier que vous voyez là-bas, appuyé sur sa pioche, le dos tourné au vieux château. Pourquoi irait-il s'enfermer dans des murailles, lorsque la sécurité est complète et que les débouchés sont certains? Ce qu'on serait tenté de mettre sur le compte de l'apathie n'est qu'un calcul fort juste. Les deux causes d'attraction, le bourg tout proche, la grande ville éloignée, se combattent et se neutralisent.

En somme, parmi toutes ces communautés urbaines ou rurales, du haut en bas, du cèdre jusqu'à l'hysope, il règne une obstination à vivre, une puissance de sève, un mouvement continuel d'échange, de transformation et de renouvellement, qui ne sentent nullement leur pourriture. Ce n'est pas ainsi qu'on se figure un pays où la vie locale serait en décadence. Les jalousies mêmes, les querelles sont des symptômes de vitalité. Les territoires de toutes ces petites républiques sont invariables, parce que la puissance publique les ferait au besoin rentrer dans leurs limites. Mais, sans le gendarme qui veille, elles recommenceraient la guerre et feraient des conquêtes, tout comme au moyen âge. C'est ainsi que jadis « Messieurs » de Berne opprimaient les cantons pauvres de la Suisse, Florence écrasait Pise, et Strasbourg était la suzeraine très exigeante d'une foule de petites communautés vassales. De même on verrait Rouen mettre des chaînes au port du Havre, et Nantes combler le bassin de Saint-Nazaire. Les mœurs de notre temps les empêchent de tirer l'épée : elles se contentent de la lutte pacifique. Elles se disputent les faveurs ministérielles, et, ce qui vaut mieux, s'évertuent à renouveler leur outillage pour se mettre au courant des progrès modernes. On sait à quelle orgie de chemins de fer et de canaux se livrent maintenant ces communes de France dont on gourmande le sommeil. L'enceinte législative retentit de leurs aigres récriminations. Bien plus, on les soupçonne de fausser les ressorts de la politique. Mais il est au moins singulier d'entendre les mêmes publicistes, qui se lamentent sur l'envahissement des intérêts locaux, déclarer qu'il n'y a plus de vie locale en France. Il faut avouer que le témoignage de nos yeux et de nos oreilles contredit furieusement leurs assertions, et que, comme dans la comédie, les gens qu'ils tuent se portent assez bien. A moins que l'esprit de système n'ait précisément les effets que Stendhal attribuait irrévérencieusement à l'éducation des jésuites : « donner l'habitude de ne pas faire attention à des choses plus claires que le jour ».

....

CHAPITRE II

L'ANCIEN RÉGIME ET LES COMMUNES

Oui, dit-on, nous savons tous que les communes les plus faiblement constituées subissent le flux et le reflux de la vie matérielle; mais c'est la vigueur politique, et par suite la personnalité morale qui leur manquent.

Il fut un temps où l'on enseignait comme parole d'Évangile que notre fameuse centralisation était sortie tout armée de la tête du premier consul. Tocqueville n'a pas eu de peine à reconstituer sa généalogie, et à prouver qu'elle était fille de l'ancien régime. Mais, à la place de cette légende, il s'en est formé une autre, d'après laquelle la France monarchique et celle de la Révolution, complices involontaires, auraient conspiré à l'envi contre les libertés locales, pour étouffer tout germe d'autonomie dans la province ou dans la ville. Cette opinion me semble au moins exagérée. D'abord, il ne faut pas confondre le particularisme avec la liberté. Lorsque, dans l'école libérale, on réclame pour les communautés secondaires le droit de se gouverner elles-mêmes, on n'entend pas apparemment créer, pour telle province, un privilège au détriment des autres. On n'admettrait pas qu'il y eût, pour la Bretagne ou pour le Languedoc, une liberté spéciale dont ne jouirait pas l'Ile-de-France. En Angleterre, tous les comtés se gouvernent de la même manière, et ce n'est qu'avec la plus grande répugnance que nos voisins se voient forcés d'appliquer des lois spéciales à l'Irlande. Ce que l'ancienne monarchie combattait en Bretagne, et plus tard la Convention dans les départements de l'Ouest, c'était le même ennemi sous des noms différents : tantôt le privilège, tantôt le fédéralisme. Si solide que fût déjà l'unité française au siècle dernier, elle n'avait point acquis ce caractère indiscutable qu'elle a aujourd'hui. La royauté, qui l'avait fondée, avait le devoir de la maintenir.

Dans tout pays qui n'est pas fédératif, le point fixe, le palladium des libertés locales, c'est la cité. Or, si la monarchie s'est beaucoup ingérée dans les affaires des villes, il n'est pas vrai qu'elle ait détruit leur personnalité. Nos historiens, tout pleins de l'histoire agitée des communes jurées au moyen âge, ont admis trop facilement que l'esprit municipal s'est éteint avec elles. C'est confondre la vie politique avec la vie administrative. Lorsqu'en 1563 et en 1579, on enlevait aux communes la juridiction criminelle et consulaire, l'État reprenait ses prérogatives légitimes. Depuis lors, il est vrai, le pouvoir central s'est montré fort envahissant. Les offices municipaux ont été vendus aux enchères. Mais n'est-ce pas une preuve de vitalité persistante, que l'empressement même qu'on mettait à les acquérir? Nos rois auraient-ils trouvé tant d'amateurs pour des titres sans valeur? Ils trafiquaient des dignités municipales : donc ces dignités avaient conservé quelque prestige. C'était, du reste, un expédient de trésorerie plutôt qu'un calcul tyrannique : en 1764, le droit d'élection est rétabli, et si, en 1771, on revient à la vénalité des offices municipaux, ce n'est point par haine des libertés locales, c'est par nécessité financière. Encore nombre de villes tenaient tant à leur droit d'élection qu'elles le rachetèrent elles-mêmes au gouvernement.

Tâchons de nous dégager des préjugés contemporains et de mieux comprendre cette époque. En réalité, les villes du XVIIe et du XVIIIe siècle ressemblaient à leur bourgeoisie ; sans perdre conscience d'elles-mêmes, elles s'étaient données à la monarchie. Elles voyaient dans la majesté imposante du pouvoir central le symbole de l'unité française. Qu'on parcoure la plupart de nos grandes villes : Lyon, Bordeaux, Nantes et tant d'autres, on sera frappé du nombre d'édifices publics ou privés qui datent de ces deux siècles, et qui portent la marque d'une prospérité difficile à concevoir sans une forte dose d'indépendance et d'initiative. Le goût de l'uniformité, l'imitation de Versailles, et, pour tout dire, le dévouement au roi, s'y marient singulièrement aux traditions locales. Arrêtez-vous à Reims, sur la place Louis XV, construite tout entière dans le goût du dernier siècle. La statue de « Louis le Bien-Aimé » s'y dresse dans une attitude héroïque, qui déconcerte un peu vos notions d'histoire. Cette statue est-elle donc une simple platitude, comme celle que La Feuillade offrit à Louis XIV? Nullement. L'histoire de la ville montre que l'enthousiasme des bons Rémois fut sincère. C'était l'hommage spontané du vin de Champagne et du drap qui avaient largement profité des années prospères de la première moitié de ce règne. Ce loyalisme subsistait en province alors même que l'humeur frondeuse prédominait à Paris. Le gaspillage des finances n'y fit pas immédiatement oublier l'influence bienfaisante du cardinal Fleury. Mais le sentiment monarchique n'étouffait pas nécessairement l'originalité : à cette même époque, Nantes et Bordeaux, qui jouaient dans le monde un fort grand rôle, avaient chacune leur goût, leurs traditions et leur parure. Le pinceau de Vernet reproduisait avec complaisance cette variété somptueuse de nos ports. Est-ce que la ville de Paris, dont on ne conteste pas la puissante individualité, ne se portait pas au-devant de ses souverains avec un empressement que nous trouverions servile? Nos conseillers municipaux ferment volontiers les yeux sur ces égarements passagers; ils voudraient arrêter l'histoire à Étienne Marcel. Leurs devanciers, non moins remuants, étaient plus souples. On peut s'en assurer en feuilletant, au musée Carnavalet, le gros volume qui contient la description des fêtes données par la capitale à l'occasion des entrées de rois ou de princes du sang. Que de feux d'artifice l'orgueil municipal n'a-t-il pas tirés en l'honneur de la royauté avant de la décapiter! Que de festins, que de bals, que de lampions! Il n'était pas nécessaire de réchauffer le zèle public : la joie de la population tenait du délire, comme aussi plus tard sa fureur. Les archives de toutes nos villes sont pleines de ces vieilles gravures où le faste local se marie avec complaisance aux pompes de la monarchie. Les cités, comme les individus, subissaient la fascination du pouvoir et faisaient acte de courtisan. Comme les personnes aussi, elles gardaient leur liberté de jugement. On le vit bien lorsque toutes les communes de France rédigèrent leurs cahiers. Cet exposé des griefs de la nation n'était point une pancarte incolore, composée par quelques philosophes de cabinet. C'était une série d'œuvres collectives, indépendantes, variées, en quelque sorte municipales. Les villes étaient si vivantes qu'elles se chargèrent de porter jusqu'au pied du trône les vœux de la nation, et qu'elles rédigèrent le programme de la Révolution. Il y aurait un curieux chapitre d'histoire à écrire sur leur physionomie pendant la période révolutionnaire. On y verrait que les Français, loin d'avoir perdu l'habitude de se grouper autour des intérêts locaux, loin de sacrifier uniquement à une idole abstraite, subirent à l'excès les influences régionales et l'impulsion trop exclusive des grandes villes. Les constitutionnels ne les trouvaient que trop actives, et Malouet en parlait « comme de maux nécessaires ». On put voir, dans tous les cas, qu'elles n'étaient ni mortes ni languissantes.

Et les campagnes? étaient-elles, sous l'ancienne monarchie, complètement dépourvues de vie locale? De récentes recherches ont prouvé le contraire. Les rustres s'assemblaient à son de cloche sur la place, devant l'église, et souvent, lorsqu'il pleuvait, dans l'église même : ce qui devait faire un beau vacarme. Il ne s'agissait pas d'un paisible conseil mené par son maire : tous les habitants étaient de droit membres de l'assemblée ; procédé sauvage, mais conforme à la doctrine la plus pure du gouvernement du peuple par lui-même. On sera peut-être étonné d'apprendre que ces étranges réunions, si éloignées de la correction du grand siècle, ne disparurent que deux ans avant la Révolution française. Turgot, à qui elles avaient sans doute rompu la tête dans son intendance du Limousin, déclarait qu'elles étaient « trop nombreuses, tumultueuses et déraisonnables ». Un édit de juin 1787 leur substitua des conseils élus. Il admettait cependant la possibilité de convoquer la grande assemblée dans certains cas extraordinaires. On ne s'attendait guère à trouver, derrière la centralisation si redoutable de notre ancienne monarchie, un régime analogue à celui de la commune américaine. Quant aux réunions en plein air, je ne sais trop s'il faut les regretter. Mais certainement il y a chez nos paysans un instinct obscur, une sorte d'atavisme qui les ramène à l'endroit où délibéraient leurs ancêtres. N'avez-vous pas remarqué dans nos campagnes, le dimanche, ces cultivateurs vêtus de leurs plus beaux habits, qui accompagnent leurs femmes jusqu'à la porte de l'église et qui, au lieu d'entrer, restent sur la place à causer de leurs affaires ? Ils n'obéissent pas au désir de faire une manifestation laïque, car cette sorte de congrès dominical se tient de préférence dans nos plus pieuses provinces, et le clergé ne s'en montre nullement scandalisé. Mais ces hommes font comme leurs pères, qui délibéraient des affaires communes au dehors, tandis que les femmes priaient au dedans. Ils ne sont guère plus qu'une vingtaine aujourd'hui. On dirait les âmes en peine des paysans du XVIe siècle, cherchant la trace de leurs anciennes libertés.

Il vint un temps où les communautés rurales durent compter avec le représentant du roi, de plus en plus puissant. Elles passèrent de l'âge d'or à l'âge de fer. Mais ce fut aussi pour elles l'occasion d'un utile apprentissage. Sous la tutelle bénévole du clergé, leur vie devait être passablement rudimentaire. De vastes territoires couverts de métairies n'étaient pas même organisés. Ceux dont le royaume n'est point de ce monde n'ont aucune raison de pousser les autres à la conquête des biens terrestres. Ils pensent qu'on doit être content de son lot, s'effacer, vivre entre son bœuf et son âne; que toute réunion nombreuse est une occasion de pécher en paroles ou en actions, et que l'ambition de mener ses semblables est un piège du malin. Aussi reconnaît-on toujours les villages qui ont grandi dans le voisinage de quelque abbaye, sur bonne terre ecclésiastique ; les chaumières y ressemblent à des ermitages. Comme le principal but des peuples n'est pas de se préparer à la mort, il est fort heureux que les gens du roi très chrétien aient secoué cet engourdissement béat. Ils venaient d'ailleurs avec les intentions les moins édifiantes. Ce serait leur faire trop d'honneur que de leur prêter le désir de contribuer à l'éducation des campagnes. Mais ils avaient besoin d'argent : au seul bruit de leur pas, l'argent disparaissait dans toutes les cachettes de ces habitations dispersées. Les rats se faisaient tout petits et rentraient dans leurs trous. Faute de responsabilité collective, on ne savait où frapper. C'est alors qu'on inventa les syndics ruraux, et que, pour les mieux tenir, on les déclara perpétuels. Les paysans votèrent d'abord sans enthousiasme, et les syndics acceptèrent de mauvaise grâce, sachant de quoi il retournait. Mais on ne leur demandait pas leur avis. De fait, la position n'était pas séduisante : il fallait répondre pour toute la commune, contenter le seigneur du lieu, obéir aux ordres du subdélégué, surtout faire rentrer la taille ; et, au bout du compte, on n'était pas sûr de ne point attraper des amendes ou la prison. Il y avait de grosses peines contre les syndics récalcitrants. On avait des devoirs et point de droits. Aussi la recommandation faite aux syndics de ne pas vendre leur

....

charge paraît quelque peu dérisoire, car les amateurs étaient peu nombreux et le recrutement très difficile. Il fallait, pour susciter un candidat, des arguments du genre de ceux qui font de Sganarelle un médecin. Beaucoup de syndics auraient pu dire comme lui, montrant un bâton : « Je n'ai jamais eu d'autre licence. » On choisissait souvent un régisseur de bas étage, un garde-chasse, un ancien valet du château, comme cela se pratique encore dans quelques coins reculés de nos provinces. Le seigneur faisait venir un de ses laquais et lui tenait à peu près ce langage : « Eh bien! La Fleur, ces drôles veulent donc avoir un syndic? — Au contraire, monseigneur, ils en meurent de peur. — Tu te trompes, mon ami; ils doivent le désirer, puisque le roi le veut. Fais-toi nommer, mon garçon, et mène-les rondement, ou tu auras de mes nouvelles. »

Tel est le timide grand-père de nos maires de campagne. Il faut croire cependant qu'on prit goût à l'institution, car le nombre des syndics ne cessa d'augmenter jusqu'à la Révolution. Peu à peu, ces communautés, mieux régies, surent mieux se défendre. Leur voix parvint plus souvent jusqu'aux oreilles de l'intendant. Pour elles, une justice administrative sommaire remplace les lenteurs des parlements. Elles ne refusent pas la corvée, mais elles en contrôlent l'emploi, et elles crient lorsqu'on envoie les corvéables travailler trop loin de chez eux. Elles se plaignent de ce que leurs chemins sont dégradés, tandis que le roi construit de belles routes quatre fois trop larges. Peu à peu, l'administration, gênée dans son arbitraire, est forcée de régulariser ce vieil impôt du travail, et l'ordonnance du contrôleur général Orry, en 1737, repose sur des principes peu différents de ceux que nous appliquons aux prestations. Les « chausséeurs » convoquent les habitants pour examiner avec eux l'état des chemins. Les corvéables peuvent se racheter en argent. Quand il s'agit de gros travaux, il y a, comme aujourd'hui, une enquête, un devis, une adjudication. Enfin, l'on confond moins souvent l'impôt du roi et celui de la commune : ce dernier est discuté, consenti par les habitants.

Ainsi l'ancien régime n'a jamais songé à détruire la personnalité morale des grandes villes. De plus, il a créé quelquefois, développé toujours celle des communautés de campagne.

CHAPITRE III

LA RÉVOLUTION ET LE DÉPARTEMENT

En 1789, les Constituants portèrent une main hardie sur les franchises provinciales; mais ils furent moins novateurs qu'on n'est disposé à le croire et peut-être qu'ils ne le croyaient eux-mêmes. Tel qui pense inventer ne fait que se souvenir. Leur œuvre est un singulier mélange de sagesse et d'illusion : le chimérique s'est évaporé, le solide est demeuré.

Leur plus grand tort fut de s'imaginer qu'ils allaient inaugurer par décret le règne de la vertu. Ils avaient trop fréquenté Jean-Jacques et pas assez Montesquieu. La rédaction même des actes législatifs s'en ressentait. A les lire aujourd'hui dans l'aride *Bulletin des lois*, on entend passer le souffle de leurs grandes espérances si promptement déçues. Ce sont des appels à la concorde, à la bonne volonté des citoyens; des compliments que s'adresse le législateur pour avoir assuré l'exercice le plus étendu du droit de cité, la sûreté, la liberté des choix, etc. Avec de pareilles dispositions, on devait supprimer d'un trait de plume toutes les anciennes entraves. On abolit toute distinction de ville, bourg, paroisse ou communauté de campagne, ainsi que les dénominations d'hôtels de ville, d'échevinats et consulats. Plus de droits de présentation ou de présidence, attachés à un titre, à une terre, à une fonction. Tous les anciens agents du pouvoir exécutif, commissaires départis, intendants, subdélégués, sont congédiés et supprimés. L'administration est confiée à une hiérarchie de conseils dont le mécanisme est fort compliqué, car il faut distinguer le bureau, le conseil restreint et le conseil général de la commune ou du département ; autant de corps emboîtés les uns dans les autres et dont les prétentions se contrecarrent. Ce n'est pas tout : on ne se contente pas de confier aux assemblées la gestion des intérêts locaux, on les investit de pouvoirs qui, partout ailleurs, sont réservés au gouvernement. Les assemblées de département répartissent les contributions directes, dressent les rôles, surveillent les versements, ordonnancent les dépenses publiques. Leur compétence embrasse l'assistance, les prisons, l'enseignement « politique et moral », les rivières, les routes, les églises, la salubrité, l'emploi des milices et gardes nationales, c'est-à-dire la totalité du pouvoir exécutif. De trésoriers généraux, il n'en est pas question. Ils sont remplacés par une multitude de caisses indépendantes, placées sous la surveillance suspecte des officiers de district, sans aucune des règles tutélaires qui distinguent entre la perception et l'encaissement. Les municipalités ont aussi des attributions financières. Elles dirigent les travaux publics. Elles sont érigées en tribunaux de police. On leur confie la régie des établissements de l'État, des hôpitaux et même des forêts : c'est-à-dire qu'on introduit le loup dans la bergerie. C'est à elles, un peu plus tard, que l'on donne l'administration des biens nationaux. Dans maint endroit, elles ne les lâchèrent plus et les convertirent en vaines pâtures.

L'anarchie ne se fit pas attendre. Dès l'année 1790, on supplie les communes de ne pas aller si vite, et de ne toucher qu'avec prudence au régime des hôpitaux. Elles font de tels dégâts dans les forêts et se livrent à de telles violences contre les gardes « des maîtrises » que le rapport officiel qualifie ce désordre d'effrayant. Quelques-unes d'entre elles engagent de folles dépenses, surtout à l'époque de la fête de la Fédération. Elles imitent ces seigneurs de la cour de François Ier qui portèrent au camp du Drap d'or le prix de leurs moulins et de leurs fermes sur leurs épaules, avec cette différence que leurs prodigalités appauvrissent surtout les caisses publiques dont la surveillance leur est confiée : une loi intervient, en décembre 1790, pour les forcer à restituer les deniers de l'État. En 1792, il faut un décret contre les empiétements des municipalités pour leur défendre « de donner des ordres et d'envoyer des commissaires hors de leur territoire ». Puis c'est la procession interminable des délégations qui se rendent à Paris : la même année, nouveau décret pour renvoyer chez elles les députations plus ou moins extraordinaires et permanentes des municipalités « auprès du roi et du corps législatif ». L'Assemblée nationale ne sait plus par quelle formule faire rentrer sous terre les esprits qu'elle a évoqués. L'erreur capitale était d'avoir voulu créer, entre des corps élus nombreux, peu contrôlés et très envahissants, une hiérarchie uniforme qui n'est possible qu'entre des fonctionnaires. On voulait faire de la centralisation spontanée : une grande somme de liberté locale n'est praticable qu'à la condition de distinguer nettement entre les attributions de l'État et celles des communes. On voit, par le décret du 15-27 mars 1791, les conséquences de cette anarchie : insubordination des corps les uns envers les autres, ingérence illégale dans les affaires de l'armée, refus des municipalités de fournir les renseignements qui leur sont demandés, maint autre abus qu'on entrevoit derrière la réserve du langage officiel, voilà le mal. Envoi de commissaires pour réprimer les troubles dans les assemblées des communes; suspension individuelle ou collective des corps du département ; révocation du procureur-syndic et des administrateurs de district par le conseil départemental, voilà les palliatifs incohérents qu'on essaye d'employer. Mais le désordre augmente, les événements se précipitent, la Convention tranche dans le vif, et le 26 octobre 1793 paraît un décret qui sursoit à l'élection des municipalités.

Telle est la partie caduque de l'œuvre de la Constituante. Voici maintenant celle qui a duré : nous pouvons discerner plus nettement, à cent ans de distance, les solides assises qu'elle a posées au-dessous de la surface agitée de l'histoire. Ce sont d'abord tous les emprunts faits à l'ancien régime sur l'organisation des conseils et les pouvoirs des maires; puis une décision très importante, malgré son caractère négatif, et qui n'a été adoptée qu'après de mûres délibérations : le 12 novembre 1789, il fut décrété que des municipalités seraient établies « dans chaque ville, bourg et municipalité de campagne ». Donc, au moment même où l'on supprimait le mot, on admettait la chose, puisqu'on laissait à la commune son ancienne circonscription. Ce ne fut pas sans résistance : Thouret voulait créer des communes uniformes de six lieues sur six. « Vous augmenterez, disait-il, les forces de chaque municipalité en rassemblant à un seul point toutes celles d'un même territoire que leur dispersion aurait réduites à l'inertie. Au lieu d'atténuer la vigueur nationale en divisant le peuple par petites corporations, dans lesquelles tout sentiment généreux est étouffé par celui de l'impuissance, créez plutôt de grandes agrégations de citoyens, unis par des rapports habituels, confiants et forts par cette union... » Il ajoutait, ce qui devait ébranler ses collègues : « Combien de municipalités, dans les campagnes, ne sont pas à la merci des seigneurs, des curés ou de quelques notables ! » Malgré ces raisons, les Constituants refusèrent de bouleverser la première division territoriale de la France. Ils se contentèrent, dans l'instruction du 30 mars 1790, d'inviter les communautés à se réunir en une seule municipalité, toutes les fois qu'elles le jugeraient possible. Ils écartèrent également la motion d'un député qui proposait d'établir dans les villes des municipalités principales, auxquelles ressortiraient celles des bourgs et villages, considérées comme secondaires.

Pour ma part, je leur sais autant de gré de cette

....

sage réserve que de leurs plus belles créations. Sans doute, notre commune est souvent bien chétive; mais au moins elle est historique, naturelle, et, partant, vivace. Elle conserve son nom celtique ou gallo-romain, son antique territoire. Elle est chère au paysan, qui ne comprendrait pas qu'on dérangeât un horizon tracé par les siècles; et puisque ce grand endormi s'y intéresse, si petite qu'elle soit, elle nous devient chère aussi. On doit tâcher de remédier à sa faiblesse et à son isolement, mais non pas en la supprimant. L'expérience semble du reste justifier la Constituante, car aucune des tentatives qui ont été faites plus tard pour élargir le territoire communal n'a réussi. Il n'y a pas lieu de s'arrêter à la proposition de Condorcet en 1793 : le moment était mal choisi. On ne discutait plus alors : on déclamait. Hérault de Séchelles répondit, une main sur son cœur, que c'était insulter les municipalités, à qui la Révolution devait tant. Mais on sait quel fut le sort de la municipalité de canton, cette création éphémère du Directoire : elle est généralement citée comme un modèle de mauvaise administration. Cinquante ans plus tard, dans la Constitution de 1848, Odilon Barrot fit introduire le principe d'un conseil cantonal, qui n'est, ce semble, jamais sorti des limbes. De nos jours, l'idée a été reprise sous différentes formes, et une enquête ouverte au ministère de l'intérieur sur le degré de consistance qu'on pourrait donner à des assemblées de ce genre : on a été arrêté dès les premiers pas par la difficulté de leur trouver un budget. Même les commissions cantonales pour les écoles et pour les chemins, qui sont destinées à éclairer, à stimuler les conseils municipaux, ne paraissent pas douées d'une grande vitalité. Tous ces rouages artificiels ne font qu'embarrasser la marche des affaires. Il faut toujours revenir à la règle posée par la Constituante et formulée par Malouet : « Dans chaque lieu, l'administration des affaires locales appartient à ce lieu. » Aujourd'hui, comme en 1790, lorsqu'une contestation s'élève sur la limite de deux communes, on s'en tire en consultant les vieilles chartes. Avant de déplacer une borne, on va chercher, dans les archives de la préfecture, l'ancien registre terrier des paroisses. Ce parchemin jauni, antédiluvien, sur lequel la main d'un moine ou d'un curé a tracé gauchement l'ancienne limite de son petit royaume, fait encore foi de nos jours, et atteste ainsi l'origine vénérable, le caractère irréductible de la commune française.

On reproche plus souvent à la Révolution d'avoir aboli la division capricieuse mais naturelle des anciennes provinces, et de l'avoir remplacée par un département géométrique qui ne pouvait servir de cadre qu'à des institutions inertes. Il s'est formé toute une légende sur les bienfaits de cette vie provinciale, tarie, semble-t-il, en 1789. Comme s'il suffisait de ressusciter la Normandie, le Poitou, la Guyenne, pour faire sortir de terre autant de petites capitales brillantes et originales, qui tiendraient tête à l'invasion parisienne! C'est confondre, à mon avis, l'indépendance politique avec la vie administrative. Oui, sans doute, si la France était composée d'une série de petits États confédérés, on pourrait voir renaître, sur tel ou tel point de notre sol, quelque variété intéressante de notre vieille civilisation. Encore l'exemple des cités d'Amérique prouve-t-il que l'autonomie, poussée à ses dernières conséquences, ne comporte pas toujours une forte dose d'originalité. Mais qui voudrait sacrifier notre unité politique, fût-ce pour rendre à Toulouse l'éclat de ses jeux floraux, l'usage courant du dialecte provençal aux félibres, ou bien pour restaurer ces fameux états de Bretagne, qui avaient fait de la péninsule celtique un conservatoire d'ignorance et de stérile entêtement? Lorsqu'on gémit sur la disparition de l'ancienne province, on oublie qu'elle n'aurait pas survécu longtemps, comme organe administratif, aux causes multiples qui l'avaient fait naître, et que ces découpures bizarres et inégales se seraient effacées avec les dernières traces du régime féodal, pour donner place à des divisions plus commodes. Elles n'avaient même pas toujours le mérite d'associer entre elles des populations de même origine. On voit, par les délibérations de la Constituante, que le Forez répugnait beaucoup à s'unir avec le Lyonnais et le Beaujolais : cependant ces trois pays formaient depuis longtemps une seule généralité. Si l'on poussait jusqu'au bout le raisonnement, ce n'est pas chaque province, c'est chaque *terroir* qu'il faudrait ériger en un gouvernement séparé : on aurait alors quatre ou cinq cents départements, qui s'appelleraient le Vexin, la Brie, le Morvan, le Gâtinais, etc. Voilà des dénominations qui correspondent à la configuration du sol, à des relations intimes entre les habitants. Elles subsistent encore aujourd'hui dans les habitudes locales : on n'a pas cessé de distinguer le pays de Caux de la Basse-Normandie, le pays Basque de la Gascogne, le Bocage du Marais vendéen. Oserait-on cependant proposer un aussi absurde fractionnement du sol? L'administration est-elle faite pour l'administré, ou bien le fétichisme historique ira-t-il la convertir en un musée de curiosités nationales? Le législateur ressemblerait alors à ces admirateurs fanatiques de l'antiquité romaine, qui poussent des cris lorsqu'on arrache un brin d'herbe sur une ruine, et laisseraient périr un monument sous les ronces plutôt que de le restaurer. De même des provinces :

respectons le souvenir très tenace qu'elles ont laissé dans la mémoire du peuple ; mais admettons qu'il a fallu les déblayer, les accommoder aux nécessités modernes, percer ici une porte, là une fenêtre, et convertir en demeures confortables, en appartements bien proportionnés à notre taille, les grands palais princiers d'autrefois, dont les murs moisis étaient devenus inhabitables.

C'est ce travail d'assainissement que la Constituante a entrepris. Elle s'en est acquittée avec un talent, une modération, une justesse de coup d'œil auxquels on n'a pas suffisamment rendu justice. Aucune résolution n'a été mieux mûrie ni plus éloignée d'un rationalisme abstrait. Thouret disait, le 3 novembre 1789 : « Ces affections d'unités provinciales ne seront même pas attaquées, puisque les provinces ne cesseront pas d'exister comme telles. » Il avait raison : en découpant la province, on ne l'a pas détruite. Elle se reforme, pour ainsi dire, sur chacun des grands intérêts régionaux qui groupent les départements. Dans notre unité, la Normandie, la Provence, la Picardie, n'ont pas cessé d'avoir une physionomie distincte. Mirabeau était plus explicite encore. « Je voudrais, disait-il, une division matérielle et de fait, propre aux localités, aux circonstances : une division qui permît de composer avec les préjugés, et même avec les erreurs. »

Il demandait, non pas une égalité territoriale et mathématique, mais une égalité « de poids dans la balance ». Il fallait « que l'étendue du département permît aux députés des villes et des villages de se rendre facilement au chef-lieu ». Que se propose-t-on en effet? Rapprocher le tuteur du pupille et l'administrateur de l'administré. On tiendra compte de la population, de la fertilité du sol, des productions, de l'industrie. « Les départements ne seront formés que par des citoyens de la même province. » Et Mirabeau, prenant pour exemple la sienne, montre qu'elle pourra être aisément partagée « en régularisant la vie des municipalités actuelles et en faisant disparaître les inégalités des anciennes vigueries ». Aucune délimitation n'est arrêtée sans que les députés de la région soient préalablement consultés. Le 9 janvier 1790, Treilhard les invite « à produire le tableau énonciatif de leurs limites respectives ». Ils doivent arriver à la séance avec des cartes bien faites. La Guyenne est divisée après un long débat « auquel, dit naïvement le *Moniteur*, les députés de la région semblent seuls prendre intérêt ». Lorsqu'on discute la division du Dauphiné, lorsqu'on pèse les réclamations des Basques, on voit que l'assemblée est disposée à faire toutes les concessions compatibles avec son but. Si le comité de constitution refuse à l'Aunis de former un département séparé, c'est uniquement pour éviter l'inconvénient des administrations trop petites. Il en exprime tous ses regrets, et propose, à titre de compensation, quelques avantages particuliers pour La Rochelle : ce qui marque un respect presque exagéré des souvenirs historiques. Quelquefois ce sont les provinces qui demandent une division plus complète. Ainsi la Bretagne proteste d'abord en termes assez nobles contre son démembrement; puis elle veut former six départements au lieu de cinq, et l'on est obligé de contenir ce besoin de morcellement : on lui représente qu'elle s'affaiblit. L'Assemblée ménage autant qu'elle peut l'unité de terroir. Par exemple, elle maintient les limites anciennes entre le Velay et le Vivarais, et elle examine les points litigieux avec le plus grand soin. De même pour la division des marches communes entre le Poitou et la Bretagne.

Ce n'est pas tout : une fois les principales divisions décidées, l'enquête reste ouverte pendant plusieurs mois sur la valeur de l'œuvre accomplie. On voit alors de quels égards est entourée la situation et la personnalité des villes : c'est réellement l'antique municipe qui détermine l'architecture du département. Le comité est sans cesse retardé « par l'embarras que donnent, sur la disposition des chefs-lieux, les prétentions des différentes villes ». On écoute les réclamations de Lisieux, de Saumur. Les prétentions de Montluçon sont rejetées, « parce que les pays de Combrailles et du bas Bourbonnais présentent une surface insuffisante ». Châlons sera provisoirement le chef-lieu du département de la Marne; mais les électeurs décideront, dans la première assemblée, « si cette ville doit alterner avec Reims ». De même, on abandonne aux assemblées locales le choix du chef-lieu entre Soissons et Laon. La situation si bizarre de Redon, à l'extrémité d'Ille-et-Vilaine, est proposée par les députés de Bretagne, et motivée sur les relations commerciales. Pendant quelque temps, les départements ont porté le nom de la ville la plus considérable. On disait : le départements d'Amiens, celui de Douai; si le décret du 26 février 1790 donne la préférence au nom tiré des circonstances géographiques, c'est « pour éviter d'attribuer la suprématie à une ville sur les autres ».

Ainsi l'œuvre de la Constituante est une transaction longuement méditée entre les traditions historiques et les besoins nouveaux. Loin d'imposer à la France une division abstraite et rigide, elle s'est bornée à poser le principe d'une division commode, et elle en a confié l'exécution aux intéressés eux-mêmes. L'œuvre de ces comités a subi une enquête, dans laquelle toutes les parties ont été entendues :

patience d'autant plus remarquable que cette question primait toutes les autres, et particulièrement la question électorale. En prenant pour base et pour mesure de la nouvelle répartition du sol l'importance des cités, en tenant compte de leurs réclamations raisonnables, on faisait un acte à la fois conservateur et libéral. Respecter la cité, c'était assurer à la vie locale l'asile antique derrière lequel elle avait déjà bravé une monarchie envahissante, et qui devait la sauver encore, soit des tempêtes révolutionnaires, soit des prétentions despotiques de l'État contemporain.

Cette organisation méritait de vivre, et elle a vécu. Depuis cent ans, le département est entré dans nos mœurs. Il a précisément le degré de vie que comporte sa situation intermédiaire entre les intérêts généraux et les intérêts locaux. Il suffit, pour s'en rendre compte, de le comparer aux autres circonscriptions administratives. L'arrondissement, trop petit, dominé par les querelles de clocher, est presque un organe atrophié dans notre système. Les grands commandements militaires, qui embrassent plusieurs départements, les préfectures maritimes, les régies forestières, les ressorts des cours d'appel, ne sont que des circonscriptions taillées pour des besoins spéciaux. Elles ne correspondent à aucun groupe naturel des habitants. L'Église elle-même, si tenace dans ses traditions, après avoir défendu longtemps les dix-sept provinces ecclésiastiques qui partageaient l'ancienne Gaule, a dû se plier à la vie départementale. Les diocèses, remaniés en 1801, à l'époque du Concordat, coïncident à peu près partout avec les limites des départements, bien qu'ils aient quelquefois un chef-lieu différent. Avec le temps, ce diocèse est devenu la véritable unité ecclésiastique, et l'archevêque ne conserve aujourd'hui sur ses suffragants qu'une autorité purement honorifique. L'Église n'est pas suspecte de complaisance pour les nouveautés. Puisqu'elle a adopté le département, c'est qu'elle a reconnu que cette œuvre révolutionnaire avait du bon. Si l'on établit une proportion entre la circonférence d'un pays, sa population et l'étendue des circonscriptions administratives, on trouvera que le département est à peu près chez nous ce que le comté est en Angleterre. La Révolution a procédé comme Guillaume le Conquérant, mais avec des moyens moins radicaux. Une division plus petite eût rendu l'administration coûteuse, tatillonne et mesquine; une plus grande eût fait des intérêts régionaux de véritables intérêts politiques. Il est singulier que l'école historique accorde aux conquérants le droit de remanier la carte et le refuse aux législateurs.

La population n'a pas été moins prompte à contracter des habitudes nouvelles; ou plutôt elle n'a eu qu'à reprendre les anciennes, car la plupart des départements ayant été fabriqués d'après l'importance de leur chef-lieu, le paysan n'avait qu'à suivre, comme autrefois, le chemin de la grande ville la plus prochaine. Sans doute, on s'est parfois trompé dans le choix de cette grande ville. Les chemins de fer, les courants commerciaux ont souvent déjoué les prévisions : il y a des départements mal bâtis. Mais ces transformations mêmes prouvent la vitalité de l'organe. Si le département avait été une simple circonscription administrative, sans afflux de sang nouveau, et, comme on dit, pareille à l'extrémité d'un corps refroidi, il n'aurait subi ni accroissement ni perte : il aurait reçu docilement, de la main d'un gouvernement tutélaire, la capitale qu'on lui donnait. Tout au contraire, les mœurs ont fait leur travail à côté des lois, tué l'arrondissement, déplacé les courants. Reims supplante Châlons, Moulins pâlit devant Montluçon, Saint-Quentin devance d'un pas rapide la vieille forteresse de Laon. Chaque département se forme ainsi sa petite capitale, qui n'est pas toujours celle du préfet. Lorsqu'une des deux villes rivales ne peut éclipser l'autre, et que le département est tiré entre deux influences contradictoires, alors une fente menace de se produire; c'est le cas entre le Havre et Rouen.

C'est ainsi que procède la vie : elle travaille incessamment à modifier les cadres dans lesquels on prétend l'emprisonner; mais, en même temps, elle leur communique une élasticité, une résistance bien supérieures à l'immobilité de la matière inerte. Plût à Dieu qu'une de nos trop nombreuses constitutions eût vécu autant que notre département! Elle aurait aujourd'hui l'âge des États-Unis d'Amérique.

CHAPITRE IV

LES MAIRES

Un coup d'œil jeté sur nos mœurs administratives confirme absolument ces impressions. Malgré l'excès de tutelle, en dépit d'une ingérence minutieuse et souvent tyrannique, la commune et le département n'ont pas cessé d'être des foyers d'activité, sinon de lumière. Qui contestera par exemple les services rendus depuis quatre-vingts ans par les plus humbles de nos maires de campagne?

On n'admirera jamais assez une institution qui permet de trouver, sans bourse délier, trente-sept mille hommes toujours disposés à accepter les fonctions les plus rebutantes qui soient au monde. Le maire de village, c'est le caporal dans une armée. Il supporte tout le poids de la hiérarchie. Sur son dos retombe l'exécution de tous les ordres qui, d'étage en étage, descendent du sanctuaire des lois et des décrets. En haut lieu, chacun s'efforce de rejeter sur le voisin la besogne et la responsabilité. En bas de l'échelle, ce n'est pas possible, puisqu'après le maire il n'y a plus personne. A lui de répondre à tous les questionnaires. On serait tenté parfois de le féliciter d'être illettré, de ne pas prendre au sérieux les paperasses qu'on déverse incessamment sur sa tête : il succomberait à la tâche. Les hommes à grandes vues, qui ont la rage de légiférer et de chiffrer, ne s'occupent jamais des moyens d'exécution. Leur rôle, à eux, c'est d'instituer des enquêtes, et de poser des questions auxquelles il est fort difficile de répondre. On envoie dans toutes les communes de France d'immenses tableaux à remplir, tout pleins de termes techniques, de divisions et de subdivisions. Le maire, aidé du magister, peut à peine s'y reconnaître. C'est lui cependant qui doit en définitive transformer en petits faits concrets cette montagne de documents abstraits.

Ce n'est rien encore : les intérêts communaux, dont le maire a la garde, ont été compliqués comme à plaisir. Ce sont des écritures sans fin, un grimoire à se casser la tête, une casuistique municipale qui ferait blanchir les cheveux d'un théologien. Certes, le métier n'est pas tentant. C'est égal, on trouve toujours des gens prêts à l'accepter. J'ai vu des maires quinteux et récalcitrants, qui donnaient leur démission tous les huit jours; j'ai vu des communes où les rivalités personnelles suspendaient la vie municipale : mais je n'ai jamais vu de mairie qui fût vacante par indifférence ou défaut d'ambition.

Il y a, parmi nos maires, un grand fonds de probité administrative. Les cas de malversation sont extrêmement rares, et quand l'intérêt privé montre le bout de l'oreille, il excite plutôt le sourire que l'indignation. Le maire cabaretier, défenseur austère de la morale publique, qui use de son autorité pour faire la guerre à ses concurrents, est plus ridicule que dangereux. Cet autre, perdu dans le fond de sa steppe, qui expédie lui-même les affaires de la mairie, et s'attribue les appointements votés pour un secrétaire, ouvrirait de grands yeux si on le traitait de concussionnaire. Dans son arithmétique morale, le point d'honneur ne figure pas; toute peine vaut un salaire. Voici, non loin de lui, un maire forgeron fort à son aise, grand discoureur sur le bien public et sur celui de la commune : l'influence dont il dispose comme magistrat lui vaut la clientèle du député. De plus, quand on lui demandera d'envoyer des ouvriers à l'Exposition universelle, il se déléguera lui-même, et fera le voyage de Paris aux frais du département. « Je ne suis pas, dit-il, pour qu'on croupisse dans sa province : il faut élargir son horizon! » Quant à ce gentilhomme, qui emploie les prestations du naïf contribuable à rectifier l'avenue de son parc, je l'inviterai seulement, s'il regrette l'abolition de la corvée, à procéder par voie de pétition aux Chambres. Ailleurs, quand le maire est homme de loi, les papiers de la mairie se confondent trop aisément avec le papier timbré de l'officier ministériel. Sans doute, celui-ci ne songe pas à prévariquer. Il n'ira pas jusqu'à établir, sur les actes de la mairie, un tarif frauduleux. Mais, aux yeux du public, l'autorité du magistrat couvre et rehausse la besogne du praticien. Il a le cadastre sous sa clef, tient dans sa main les répartiteurs de l'impôt, prend et fait exécuter les arrêtés d'alignement dans les rues : Dieu sait si l'on peut faire passer de mauvaises nuits à un client maussade, avec une simple question d'alignement! Voilà, je crois, les plus gros abus qu'on puisse relever contre les maires. Ils méritent à peine un revers de férule. Ils seraient même aisément corrigés, si messieurs les sous-préfets daignaient se déranger plus souvent. C'est de la comédie humaine assez inoffensive. Après tout, il n'y a pas de terroir si riche et si franc où les taupes ne fassent leur travail souterrain, qu'un coup de pied suffit à démolir.

Dans les motifs qui font accepter l'écharpe, la vanité entre pour une bonne part; elle sévit cependant parmi les maires de campagne moins que parmi ceux des petites villes. Que la satisfaction de soi-même congestionne un visage rustique ou délie la langue d'un beau parleur, le vêtement seul de la poupée diffère : elle est toujours pleine de son. Mais il semble que la vanité est nourrissante : elle engraisse presque toujours son homme. Le maire important sourit avec condescendance. Ses joues gonflées retiennent avec peine l'enflure de sa supériorité. Chez lui l'homme d'ordre se révèle à la gravité du maintien, le penseur à la majesté du regard, à une certaine moue de la bouche, accompagnée, dans les circonstances difficiles, d'un sifflotement dédaigneux. Il raconte sa vie, l'éclat des débuts, la violence faite à sa modestie, son opposition courageuse, sa réconciliation plus méritoire encore. D'un geste superbe, sous la fenêtre de la mairie, il montre les toits pressés de la ville : de chaque cheminée, une voix s'élève pour lui rendre témoignage ; il en a les larmes aux yeux. Personnage heureux entre tous, marionnette éternelle, que Molière a bernée sous les traits d'un marquis, fat qui reparaît en sabots ou en redingote sur la scène démocratique, divertissant peut-être au théâtre, mais fâcheux à rencontrer dans la vie, quand on est pressé, qu'il se cramponne à vos basques, et qu'on doit subir le monologue d'un sot savourant lentement sa sottise.

Il y a beaucoup de gens qui abandonnent volontiers à d'autres les satisfactions extérieures des fonctions de maire, pour garder la réalité du pouvoir. Ce n'est pas dédain des vanités de ce monde : ils savent très bien que, dans les fonctions actives, on perd souvent son temps et sa popularité ; qu'il suffit d'être mandataire élu et responsable pour recevoir les coups, embourser les horions, et le tout gratuitement ; qu'enfin les détails d'exécution sont fastidieux ; qu'en assumant la tâche d'agir, on perd encore le droit de critiquer. Aussi leur abstention est-elle due à un calcul plus profond d'amour-propre. Ils élèvent au pouvoir quelque ambitieux de mince étoffe ; ils le laissent parader devant la foule, bénir les mariages, conduire les cortèges, haranguer la fanfare ; ils le consolent de ses déboires, le ramènent au combat, tantôt par un appel au point d'honneur, tantôt en touchant une autre corde, par exemple celle du dévouement, qui vibre fréquemment dans les âmes débonnaires à côté du besoin d'ostentation. Ils tiennent ainsi tous les fils du personnage, les bons et les mauvais ; ils ont le plaisir de mener leurs semblables, et ils entendent murmurer dans la foule : voilà l'homme fort, celui qui gouverne réellement ! Il faut que le gouvernement occulte ait de bien grands charmes, pour qu'on en soit aussi friand. Il serait facile d'établir que, dans les départements pauvres, une commune au moins sur cinq est gouvernée de cette manière. Le maire n'est pas toujours dupe de sa propre docilité, mais il ne peut faire autrement. Ce cultivateur déjà riche, au fin sourire, à la physionomie placide, qui a deux filles à marier, est bien forcé de ménager les grosses influences du canton. Si la main qui le conduit dans les sentiers de la vie publique s'ingérait de ses intérêts privés, vous le verriez se révolter d'une belle façon. Mais quoi! il a sa fortune à faire, ses enfants à pourvoir, sa terre à défricher; c'est une grande tâche qui absorbe toute son attention. Il a fait, pour l'accomplir, le sacrifice de son indépendance municipale. Ses enfants, qui seront riches, seront-ils aussi malléables? j'en doute. Et cet autre maire, si fort à l'étroit, qui n'a pas même un garçon de labour, pas de carriole, pas de cheval; qui soutient un gros procès contre une commune voisine, et ne peut se dépêtrer des gens de loi, n'ira-t-il pas demander l'aide et la protection de quelque voisin plus puissant?

On se sent moins disposé à l'indulgence pour les têtes vides dans lesquelles un inspirateur tenace souffle tous les matins la même suggestion. Vous les reconnaîtrez à leur front têtu, à leurs lèvres serrées; ayant une fois saisi un semblant d'idée, ils ne veulent pas parler, de crainte de la laisser échapper et de ne plus la retrouver. Il est vraiment décourageant, lorsqu'on vient pour leur être utile, de trouver des gens butés d'avance, dont la défiance naturelle est soigneusement entretenue par derrière. Une main invisible défait la nuit ce que vous faites le jour et l'administration devient une toile de Pénélope : ce qui ne contribue pas à la rendre expéditive. Que si vous allez trouver l'homme influent, il fait tout d'abord l'étonné, ouvre de grands yeux, et répond d'une manière évasive : « J'ai entendu dire... il m'est revenu que... c'est bien regrettable... » Manœuvre vieille comme le monde, mais toujours en usage. Sortez au plus vite de cette commune où vous allez vous embourber. Nulle part le sol n'offre de résistance. Tout cède, tout fléchit : c'est un marécage avec un fond de granit.

Les simples fantoches sont cependant moins nombreux qu'on ne croit. Il y a, dans chaque localité, une espèce d'opinion qui pousse à la mairie le plus capable; je ne dis pas le plus instruit : ce n'est pas nécessairement un monsieur. Ce n'est même pas toujours celui qui a le plus de loisirs à consacrer à la chose publique. Un maire trop désœuvré se perd dans les détails, épluche la correspondance, écrit trop et de travers. Il rend des arrêtés à propos de tout, sur les cabarets, sur le garde champêtre, sur la nécessité de museler les chiens et d'attacher le bétail, avec une dépense de force, une solennité de rédaction qui dépassent le but. C'est un type qu'on rencontre assez souvent dans les vieilles petites villes : quelque gentillâtre, tantôt blanc, tantôt bleu, despote et bon enfant, n'ayant sacrifié aucun préjugé, voulant embrasser tous les progrès, ferré sur le cérémonial, commandant aux pompiers et aux gendarmes, marchant à la tête des processions comme s'il montait à l'assaut, mais regimbant contre le curé pour des questions de préséance, trinquant avec le petit peuple, agitant la surface du pays sans en remuer le fond, et s'agitant assez lui-même pour donner de l'animation aux rues; personnage inflammable comme la poudre, mais comme une poudre de feu d'artifice, à la fois inquiet et stationnaire, capable, à force de gestes et de paroles, de communiquer à ce vieux navire échoué qu'il dirige l'illusion du mouvement : avec un tel homme, on demande grâce, et l'on souhaite un maire qui ne sache pas tenir une plume.

Ce qu'il faut plutôt, ce qu'on trouve tous les jours parmi les travailleurs de ce grand et laborieux pays, c'est un amour-propre de qualité solide, fondé sur des œuvres et non sur des apparences; une activité qui va devant soi par habitude, et qui passe, presque sans transition, des affaires privées à celles de la commune. Voilà le bon maire : il y en a partout, dans toutes les conditions. Chez nous, le paysan travaille comme le soldat se bat, d'instinct, sans qu'on ait besoin de lui démontrer son dévouement. La mairie est un labeur comme un autre, et qui, de plus, satisfait son besoin de domination.

Il est un type de maire encore préférable, et que l'on ne rencontre guère que dans la classe supérieure. C'est un homme simple, accessible, de cœur indulgent, ferme contre le désordre, mais ouvert à cette compassion qui est le véritable esprit d'égalité. Il attache une importance médiocre aux écritures, mais remplit souvent l'office de conciliateur. Il fait le vide autour de la justice de paix : on le prend pour arbitre dans les différends domestiques; il conseille aux maris de reprendre leurs femmes, aux femmes de supporter leurs maris. On parle peu de lui à la préfecture, parce qu'il résout les difficultés sur place. Il se joue des démarcations constitutionnelles : il administre, décide du fond de son jardin, son sécateur à la main, avec autant d'autorité que saint Louis sous son chêne. Si quelqu'un doute que ce maire patriarcal existe, qu'il prenne une lanterne et qu'il cherche : il ne fera pas dix lieues sans le trouver.

Au surplus, voici une espèce de statistique morale qu'on prendra pour ce qu'elle vaut : elle porte sur les 74 maires d'un arrondissement. Dix d'entre eux ont accepté la mairie pour des motifs d'intérêt personnel, par exemple pour développer leurs relations d'affaires : ce sont de gros marchands ou des cultivateurs. Neuf, presque tous grands propriétaires ou gentilshommes, sont maires par tradition de famille. Quinze obéissent au besoin d'agir et de dominer : on compte, parmi ceux-ci, onze cultivateurs ou hôteliers, quatre gentilshommes. Sept sont dirigés par des mobiles exclusivement politiques, soit trois médecins, deux grands propriétaires et deux hommes de loi. On n'en trouve que deux qui aient accepté par pur dévouement : ils appartiennent l'un et l'autre à la classe supérieure, et sont réactionnaires dans l'âme. Soit en tout 43 maires intelligents et actifs. Les médiocres sont au nombre de vingt-deux. Huit d'entre eux, dont quatre illettrés, ont ceint l'écharpe par vanité pure et goût de la parade. Quatorze, en grande majorité cultivateurs, sont totalement dépourvus d'initiative, et suivent une impulsion étrangère. Enfin les pires sont au nombre de neuf, savoir les brouillons qui s'agitent dans le vide, et se montrent incapables avec fracas. Ce sont trois chevau-légers, trois médecins, deux folliculaires de bas étage, et un ancien instituteur révoqué. Conclusion : les maires bons ou mauvais se recrutent dans toutes les catégories sociales, mais en général parmi les hommes qui, à défaut de loisirs, ont une profession indépendante. Les bons ou les tolérables forment plus des deux tiers. La classe lettrée fournit les meilleurs et les pires, les philanthropes et les brouillons. Elle a aussi le privilège de se guider par des considérations politiques, mais elle n'est pas à l'abri des vanités puériles. Le patronage traditionnel perd du terrain. Les maires cultivateurs sont très nombreux. C'est une honnête moyenne. Ils s'inspirent le plus souvent d'un intérêt bien compris, lorsque le défaut d'instruction ne les fait pas tomber dans la dépendance d'un tiers. Presque tous les mobiles, dans toutes les classes, peuvent se ramener à celui que les phrénologues appellent la combativité, à savoir l'instinct de la lutte, le désir de dépasser son semblable, d'étendre son influence : et, chose remarquable, c'est toujours ce grand ressort qu'on dissimule avec le plus de soin. Si vous voulez manier les maires, ne leur parlez que de dévouement : le reste est sous-entendu.

Intéressés ou débonnaires, campagnards ou citadins, nos maires ont tous un trait commun : ils n'aiment point les partages d'autorité. Tandis que, dans d'autres pays, en Belgique et en Italie par exemple, les adjoints forment avec le maire une sorte de petit comité exécutif qui délibère et agit ensemble, les adjoints, en France, sont seulement les suppléants du maire : ils n'ont d'autre autorité que celle qu'il leur délègue. Cela tient au caractère national. Le Français, surtout le paysan français, est toujours charbonnier sur ce point : il veut être maître chez lui. Quand on l'installe à la maison commune, il y transporte ses habitudes autoritaires, et se montre d'autant plus exclusif qu'il est plus capable. La chose publique devient sa chose. Si l'on essaye de lui démontrer que, pour faire les affaires des autres, il est bon de partager les responsabilités, on lui ôte son principal mobile. Si l'on insiste, et si l'on contrarie trop ouvertement son initiative, il s'en va : il faut choisir son successeur dans la race nombreuse aussi, mais inerte, des moutons de Panurge.

On doit en prendre son parti : ceux même d'entre nous qui se disent républicains, et qui sont sincères, ont le tempérament profondément monarchique. Ils veulent gouverner seuls, ou ne point s'en mêler. Il n'est pas une péripétie de la vie municipale qui ne montre en plein jour, et comme à la loupe, cette disposition d'esprit : querelles du maire avec ses adjoints, avec son conseil, avec l'administration supérieure, presque tous les frottements de la machine viennent de là. En observant ces tempêtes dans un verre d'eau, on pénètre le mystère des autres révolutions plus graves qui agitent depuis un siècle la surface du pays. La petite société reflète fidèlement les traits de la grande. Terrible difficulté d'acclimater le régime républicain dans un pays où chacun veut être le maître!

Les grandes villes, si imbues qu'elles soient d'idées nouvelles, penchent du même côté. Leurs maires ont eu, de toute éternité, une tendance aux abus de pouvoir. Ils ont fourni par là de redoutables arguments aux partisans de la centralisation. M. Thiers en fit jadis grand usage, et les exemples qu'il cite sont, en effet, frappants. Vers 1832, le maire de Marseille avait réglementé de telle sorte l'industrie des portefaix, qu'il supprimait virtuellement la liberté du travail, et rétablissait, par simple arrêté, les anciennes corporations. Avec de tels exemples, on a beau jeu à démontrer que la puissance publique est la garantie des faibles contre la résurrection des tyrannies de clocher.

Mais, en même temps, cet amour de l'autorité a conservé, répandu en France le goût des affaires locales. Si ce n'est pas précisément la forme sous laquelle nous rêvions le *self-government*, acceptons cependant l'héritage d'activité que nous ont transmis nos pères, et tâchons d'en tirer le meilleur parti possible. Il faut songer que, pendant trente ans, les conseils délibérants n'ont eu qu'une existence nominale : le premier Consul avait supprimé les élections locales, la Restauration ne les avait pas rétablies; elle maintenait le système des listes de notables. C'est seulement en 1831 que les principes posés par la Constituante ont porté leurs fruits. Pendant une période plus longue encore, les maires ont été désignés par le gouvernement : celui-ci n'a cédé que tout récemment sa dernière forteresse, la nomination des maires de canton. Comment la vie communale aurait-elle persisté, si le goût d'un pouvoir même restreint n'avait soutenu les maires, tout en les laissant assez indifférents sur l'origine de leur mandat? Comment surtout aurait-on pu faire l'éducation administrative des campagnes, si ce n'est au moyen d'un rouage assez simple pour être compris par l'intelligence la plus grossière? Les campagnes en sont au rudiment; or tout rudiment de société politique consiste à personnifier le pouvoir dans un homme. Voilà pourquoi les institutions du Consulat étaient si bien adaptées à l'état de nos mœurs. Il faut y toucher, mais d'une main discrète. Il faut surtout ne point oublier que l'esprit français, même inculte, aime les distinctions claires, les pouvoirs solidement organisés. Dans la république minuscule comme dans la grande, c'est un mauvais moyen pour lui plaire que d'affaiblir outre mesure l'exécutif.

CHAPITRE V

L'ASSEMBLÉE MUNICIPALE

Lorsque l'institution monarchique prévaut en France, les maires, désignés par le pouvoir central, tiennent le haut du pavé. Quand le pays incline vers la république, la prépondérance passe aux conseils.

Puisque l'association, sous sa forme la plus simple, est l'école de la liberté, on ne saurait suivre avec trop d'intérêt les tâtonnements de ces petites assemblées. Sur elles, sur leur éducation progressive, les libéraux fondent leurs plus solides espérances. Les individus isolés ont du talent ou du caractère : seuls, les êtres collectifs peuvent avoir des traditions. Le travail d'un maire n'instruit que lui-même. Il profite à la communauté comme le labeur du père profite aux enfants. Le bienfaiteur disparu, la commune, si elle n'a pas appris à se gouverner elle-même, retombe plus bas qu'auparavant. Au contraire, la moindre étincelle qui jaillit d'une discussion confuse répand la lumière de proche en proche, dégourdit les cerveaux, et à la longue transforme les mœurs.

Qu'on réfléchisse d'abord aux conditions ingrates dans lesquelles nos conseils communaux ont dû végéter avant de s'épanouir au soleil. Jusqu'à ces derniers temps, ils ont été traités en suspects. La constitution de l'an VIII les réduit à l'état de fantômes. La Restauration redoute encore ces ombres d'assemblées : en 1818, elle leur adjoint les plus imposés; comme à cette époque il n'y a point d'élections municipales, les campagnes sont livrées à la haute police des grands propriétaires. La monarchie de Juillet rétablit le principe électoral, mais avec quelle timidité! Le cens est si élevé, qu'en fait les plus imposés seuls, absents pour la plupart, ou, comme on disait dans l'ancienne langue, les *forains*, disposent des conseils. M. de Tracy s'écrie : « Vous enlevez à la société communale son caractère de famille collective. Oubliez-vous donc qu'elle doit statuer, non seulement sur des dépenses, mais sur des intérêts moraux? » L'élévation du cens ne paraît point encore suffisante : les meilleurs esprits sont hantés par le spectre de l'anarchie. « Il y aurait, dit M. Thiers, 37 000 petits États qui auraient tous les caractères d'un état indépendant[1] ! » Le grand orateur précise encore mieux sa doctrine en proscrivant, au nom de l'État, les formes les plus spontanées de l'association[2]. Ce sont les idées du temps. Consultez les hommes de cette génération : toute force collective en dehors de l'État leur paraît factieuse. Aussi quel luxe de précautions contre les conseils! En dépit de leur morcellement, qui devrait rassurer, on poursuit en eux les membres épars de l'hydre révolutionnaire, et on interdit aux tronçons de se rejoindre. Tout conseil convaincu d'avoir correspondu avec les autres est frappé de suspension (loi de 1831, art. 30), et les conseillers poursuivis devant justice. En dehors des quatre sessions annuelles, toute délibération est nulle, si elle n'est expressément permise par l'autorité supérieure (art. 28 et 29). Défense est faite aux conseils de créer dans leur sein des commissions permanentes pour l'expédition des affaires. Les discussions auront lieu à huis clos, comme les débats d'une affaire scabreuse en cour d'assises : ne faut-il pas éviter de satisfaire la curiosité maladive du public? Et je ne parle point de la filière administrative, des restrictions sévères et compliquées qui atteignent les délibérations elles-

1. Discours du 6 mai 1833.
2. Discours du 17 mai 1834.

mêmes. Réellement, c'est le régime cellulaire appliqué aux communes de France. On ne serait pas plus rigoureux pour les ramifications d'une société de carbonari. L'usage le plus légitime du droit d'association, l'application séculaire de ce droit aux intérêts primordiaux de la société, ce dernier asile de la liberté locale, que tolère le sultan et que favorise le tsar, voilà ce que la France parlementaire a supporté difficilement. Il est vrai que cette même nation, la plus sociable du monde, s'est vu interdire, pendant de longues années, les associations de plus de vingt personnes. Et l'on s'étonne que les Français manquent d'esprit politique !

Aujourd'hui, voici le point où nous en sommes : la plupart des conseils savent vouloir, s'ils ne savent pas délibérer. Tous, même les plus petits, ont chacun leur caractère : il y en a de hargneux et de dociles, de turbulents et de paisibles, d'entreprenants et d'inertes. Par exemple, il y a des villages où le conseil est, pour ainsi dire, tombé en quenouille : les hommes, bûcherons, matelots, calfats ou compagnons nomades, sont presque tous absents. Il ne reste que les vieux ou les infirmes, qui subissent entièrement la loi des femmes. Celles-ci ont une manière à elles de comprendre l'administration et de protéger le foyer domestique; il leur est arrivé d'accueillir l'agent du fisc comme le seigneur de Basché, dans Rabelais, recevait les huissiers : à coups de balai. Il y a des conseils loquaces, qui envoient à la préfecture des kilogrammes de papier administratif. D'autres, muets comme des carpes, enfantent péniblement un griffonnage informe. En général, dans les quatre ou cinq cents villages qui forment la plèbe des départements, les délibérations sont pitoyables dans la forme, assez raisonnables au fond. Le paysan évite la discussion, car il n'y brille pas. Mais les résolutions à prendre, quelquefois le plébiscite qui doit renverser le maire, ont été préparés par de longues et savantes négociations. Le jour du vote, chacun arrive avec son parti pris d'avance. A les voir immobiles sur leur banc, la lèvre pendante, l'œil vague, on dirait une assemblée d'idiots. En réalité, il se trame dans cette grange des intrigues plus déliées que celles des diplomates. Malheur à l'administrateur qui touche à ces fourmilières sans en connaître les galeries souterraines ! Il se présente, il parle. On l'approuve du bonnet ; puis, quand on passe au vote, il est tout étonné de n'avoir pas déplacé une voix.

Les petites communes n'ont pas toujours le talent d'agir ; mais elles ont une force d'inertie invincible. Les moyens coercitifs s'épuisent à la longue. Presque toujours le dernier mot reste à ces paysans têtus. C'est le grain de sable qui peut arrêter la machine. J'ai vu toute l'administration d'un grand département tenue en échec par une mince municipalité. Il s'agissait d'une commune entourée de marais; les maisons étaient plus semblables à des huttes de castors qu'à des toits de chrétiens; la population barbotait dans l'eau toute l'année, moitié hommes, moitié canards. Le conseil municipal qu'on avait extrait de ce mélange s'avisa un jour d'envoyer sa démission en masse. Ces gens s'étaient mis dans la tête qu'une certaine route passerait à droite de l'église et non pas à gauche. Pendant plusieurs mois ni délibération, ni budget, dans cette singulière paroisse. Le préfet s'y rendit et fit un beau discours, qui fut écouté avec un pieux recueillement. Cependant, de nouveau les semaines, les mois s'écoulèrent : rien ne venait de ce coin bourbeux. Le préfet dut affronter encore ces tristes déserts, ces grands horizons mélancoliques où règne un vent aussi âpre que la volonté des habitants. Il trouva ceux-ci précisément au même point. Que faire? Il céda pour ne plus s'exposer à pareille bise.

Dans les petites villes, l'incohérence est encore grande, mais la vitalité bien plus forte. Souvent, lorsque la ville est dans sa période de croissance, le conseil présente un singulier mélange de ruraux et de civils. La blouse y coudoie la redingote. Les gens de campagne n'ont aucun goût pour la cité naissante, jusqu'au jour où ils comprennent qu'elle a bon appétit et la bourse bien garnie : dès lors, c'est un client qu'on ménage. Comme le conseil est composé d'éléments disparates, les résolutions sont souvent contradictoires. Tantôt la ville conçoit des projets grandioses, contracte des emprunts, pose des premières pierres, escompte l'avenir à la façon des villes américaines; tantôt la timidité l'emporte, l'escarcelle du paysan se referme, et, pour une question de quelques sous, on se noie dans une chicane qui compromet les sacrifices de la veille. Le palais de justice inachevé se dégrade et ouvre ses murs béants à l'eau du ciel; il y a des trottoirs et point d'égout; des fontaines et point d'eau. Je ne dis rien des luttes d'influence qui se passent en dehors du conseil; des profonds conspirateurs qui se glissent à la nuit tombante le long des murs et vont prêter des serments terribles dans l'arrière-boutique d'un droguiste. Ces mystères, qui ne trompent personne, relèvent la saveur de la vie municipale.

Quant aux délibérations, voici le plus souvent comment elles se passent : maire, adjoints, conseillers arrivent sans aucune préparation. Il ne leur vient point à l'esprit que cette salle soit un lieu d'étude : c'est un cercle de conversation, un champ clos pour le combat. On prend place autour du tapis vert. Les boutiquiers s'étalent largement dans leur fauteuil ; les paysans sont assis modestement sur le bord de leur chaise. Deux ou trois avocats, qui ne se gênent pas pour si peu, affectent une tenue débraillée. Quelques hommes de sens, mais timorés, se dissimulent au bout de la table et fuient les regards du président, qui pourrait les prendre à témoin : tels, dans une vente publique, les amateurs irrésolus redoutent l'œil du commissaire-priseur. Le maire tousse et commence. Au milieu d'un silence glacial, il lit d'une voix mal affermie une note rédigée par le secrétaire de la mairie. Il promène un regard inquiet autour de lui, car ce fidèle scribe, le seul qui sache les affaires, n'est plus là : la loi lui interdit l'accès de la salle des délibérations. Avec lui s'évanouit toute la science municipale. Le malheureux maire ressemble à un nageur novice qui aurait lâché la corde. Il annonce que la discussion est ouverte : tout le monde se tait. Enfin, un avocat se risque. Il n'est pas beaucoup plus solide que les autres ; mais il est sûr au moins de flotter, soutenu par l'outre gonflée de sa faconde. Au lieu de traiter la question, il se jette à côté ; il récrimine contre l'autorité supérieure, contre le département, contre l'État. La ville est toujours sacrifiée, parce qu'elle est un foyer d'idées libérales, etc. L'auditoire est visiblement soulagé. Il craignait une séance ennuyeuse; mais, du moment que la politique s'en mêle, tout va bien. Soudain, comme un premier coup de fusil déchaîne une émeute, une sottise lancée au hasard soulève la tempête. Les injures les moins parlementaires remplacent les formules administratives. La voix du président ne peut plus couvrir le tumulte. Cela dure deux ou trois heures. Après quoi, on se lève sans avoir dit un mot d'affaires, mais avec la conscience d'avoir fait son devoir. Le raisonnement ne pénètre qu'avec peine dans ces cervelles mal préparées. En revanche, les passions se sont entre-choquées : ce qui les met en branle, c'est une rivalité, une rancune, rarement une idée.

Ce sont les défauts ordinaires des hommes lorsqu'ils ont été retenus dans une longue enfance et qu'ils cherchent à s'émanciper. Ils prennent les paroles pour des actes et les violences pour des raisons. Il est incontestable, d'ailleurs, que, dans les grandes villes, l'éducation des conseils est plus avancée; non pas que les discours y soient toujours plus sensés : il se débite là autant d'énormités qu'ailleurs; — non pas que le personnel en soit beaucoup plus relevé : on retrouve dans ces conseils, avec un peu plus de variété, les mêmes figures démocratiques : brasseurs à tête flamande, solidement ancrés dans les formules révolutionnaires comme dans un dogme; détaillants inquiets et phraseurs; philosophes de laboratoire ou d'arrière-boutique; avocats retors et ambitieux; avoués en retraite, exacts et méticuleux; médecins portant gaiement leur matérialisme professionnel; industriels parvenus et avides de popularité. Tous ces gens-là revêtent volontiers la carmagnole, invoquent Robespierre à propos d'une question d'abattoir, et donnent hautement la préférence à 1793, qu'ils connaissent fort mal, sur 1789, qu'ils ne connaissent pas du tout. Mais déjà ils ont appris à distinguer entre la politique et les affaires : dans le domaine de l'idéal, intransigeants jusqu'à la férocité; dans la pratique, administrateurs avisés et prudents. Leurs fameux principes sont rangés à part, dans une armoire spéciale : on les sort pour les grandes occasions. Telles ces reliques de la révolution, étiquetées, époussetées avec méthode, orgueil de l'hôtel de ville : un gigantesque bonnet phrygien en métal qui surmontait jadis la hampe du drapeau municipal; un almanach républicain avec l'indication des « sans-culottides »; une pierre de la Bastille, dans laquelle un ancien prisonnier (?) a taillé l'image de la forteresse; un buste de Marat, « l'ami du peuple », et quelques-unes de ses précieuses productions littéraires. Des générations de petits bourgeois se sont transmis ce dépôt sacré, auquel ils payent le tribut d'une naïve admiration. Leur esprit d'indépendance, qui, jadis, se serait appuyé sur de vieilles chartes, s'accroche aujourd'hui à la légende révolutionnaire. Quelquefois même, dans ce culte bizarre, ils mêlent étrangement les anciens dieux avec les nouveaux: les armes de la ville, semées de trois fleurs de lis, avec les emblèmes les plus sanguinaires; le portrait de Danton avec celui de Jacques Cœur ou de l'abbé Suger. C'est qu'ils ont avant tout la dévotion de leur ville. Leur panthéon est ouvert à toutes les gloires locales.

Mais les mêmes hommes, dans la gestion des intérêts municipaux, apprennent tous les jours la patience et la lutte réglée. Dès 1837, on craignait que les préfets ne fussent pas de force à leur tenir tête. La ville, qui sait mieux que personne ses propres affaires, a des bureaux tout aussi bien stylés que ceux de la préfecture. Avec un peu d'entêtement, elle finit presque toujours par obtenir ce qu'elle veut. Quant à la composition des conseils, si l'indifférence et l'abstention des classes supérieures les ont fait déchoir, à qui la faute? Des gens plus instruits, plus ferrés en histoire, seraient-ils de force à traiter une question de voirie? C'est très contestable. Enfin, si l'exemple du voisin peut nous consoler, voici ce qu'un publiciste bien informé dit des municipalités anglaises : l'oligarchie des boutiquiers paraît là-bas plus tyrannique que chez nous. « L'administration communale échappe aux plus capables, pour aller aux gens de petit commerce et de petite industrie. » On se plaint « de leur domination égoïste et mesquine [1] ». Après tout, les nôtres, avec leurs prétentions philosophiques et leur jargon, valent peut-être encore mieux : je ne sais si un faux idéal n'est pas encore préférable à un égoïsme bien plat.

Comme on le voit, ces parlements au petit pied ont beaucoup d'imperfections. Mais, loin d'en faire la satire, je n'hésite pas à signaler dans leur agitation parfois stérile des symptômes de progrès ou de résurrection. Socrate faisait trois parts de l'homme : la plus basse pour l'instinct et pour les appétits brutaux; la plus haute pour l'intelligence pure ou la raison. Dans la région intermédiaire, il plaçait les passions. Ce sont les trois degrés par lesquels on s'élève dans la hiérarchie des êtres. Nos assemblées ont dépassé la période de l'indifférence brutale; elles n'ont point encore atteint les hautes sphères de la raison sereine; elles cherchent leur voie parmi le tumulte des velléités bonnes et mauvaises. Mais elles ont déjà le mouvement qui fait vivre. « J'avoue, disait Tocqueville dans un passage célèbre, qu'il est difficile d'indiquer d'une manière cer-

1. *Bulletin de la Société de législation*, 1881. — Communication de M. Dehaye.

taine le moyen de réveiller un peuple qui sommeille, pour lui donner les passions et les lumières qu'il n'a pas... » Les lumières nous manquent souvent, mais les passions fourmillent. Nulle part, même dans la plus petite commune, je n'ai rencontré en France « cette espèce de colon » dont parle encore Tocqueville, « indifférent à la destinée du lieu qu'il habite, et que la fortune de son village, la police de sa rue, le sort de son église, ne touchent point ; qui pense que toutes ces choses ne le regardent en aucune façon, et qu'elles appartiennent à un étranger puissant qu'on appelle le gouvernement [1] ». J'ai vu, au contraire, des hommes qui défendaient âprement leurs intérêts locaux, d'autres qui mêlaient des idées mal digérées au désir de bien faire, presque tous aussi tenaces dans leurs résolutions qu'inhabiles à les formuler.

Une loi récente, celle du 5 avril 1884, a débarrassé les conseils d'une partie de leurs anciennes entraves et leur a concédé, sur certains points, plus qu'ils ne demandaient. Ils peuvent maintenant se réunir à peu près quand ils veulent. Ils ont la publicité des séances, dont les assemblées rurales ne font point encore grand usage. Ils ont la faculté de se partager en comités d'études : faveur modeste, qu'on

1. Tocqueville, *Démocratie en Amérique*, t. Ier, ch. v.

s'étonne de leur avoir refusée si longtemps. Ils peuvent, pour certains intérêts communs, correspondre entre eux sans être frappés de mort civile. On ira plus loin encore : on encouragera les municipalités à se concerter entre elles, non pour abolir leur personnalité, mais pour diminuer les inconvénients de leur isolement. On ne cherchera pas à créer de nouvelles et coûteuses divisions administratives ; mais en laissant vivre les villages, on leur permettra de combiner leurs efforts et leurs ressources toutes les fois qu'ils le jugeront à propos. Voilà le vrai moyen de tirer les campagnes de leur ornière. Dans une démocratie comme la nôtre, l'association est le salut des faibles, qu'il s'agisse des individus ou des personnes morales. Il faut prendre un parti : si la commune est trop morcelée, laissez les morceaux se rapprocher à l'occasion. La puissance publique est assez forte pour empêcher que le rapprochement ne tourne au fédéralisme.

CHAPITRE VI

L'ASSEMBLÉE DÉPARTEMENTALE

Les progrès de l'assemblée départementale sont plus sensibles encore, parce qu'ils sont de date récente et qu'ils intéressent le grand public. Ce conseil était cependant bien humble à l'origine : jusqu'en 1838, il n'a d'autre fonction que d'approuver la répartition de l'impôt direct entre les communes; c'est une espèce de grand conseil d'arrondissement. La loi de 1837 elle-même, assez libérale en matière municipale, ne lui confère qu'un droit d'avis sur des objets restreints : par exemple sur les changements du territoire des communes. Cependant, à partir du jour où le roi Louis-Philippe, fidèle aux promesses de la charte, organisa la représentation départementale, cette institution ne cessa pas de pousser en tous sens ses jeunes rameaux, et de se frayer un chemin à travers les constructions rectilignes de l'administration proprement dite. De même, un arbuste, frêle d'abord, écarte les obstacles qui l'entourent, et, devenu grand arbre, fait fléchir les plus fortes maçonneries par l'effort continu de la sève. Peu à peu la plante départementale a grandi jusqu'à devenir envahissante : du droit d'avis, le conseil général est passé au droit de décision ; des affaires du département, il a étendu son contrôle à celles des communes, et, dans des cas nombreux, supplanté le préfet. Tout l'a servi, même les grandes crises politiques. C'est sur lui que l'assemblée de Bordeaux jeta les yeux en 1871 pour servir de contrepoids à la terrible influence de Paris. C'est au conseil général seul qu'on appliqua les théories libérales qui avaient cours dans les dernières années de l'empire.

Il a, dans une certaine mesure, justifié cette confiance. De l'organisation des conseils généraux datera peut-être, dans notre pays, la fin des révolutions d'hôtel de ville qu'une minorité parisienne imposait au reste de la France. La province a pris conscience d'elle-même ; elle s'est reconnue dans cette assemblée du second degré, qui lui offrait une enceinte plus calme et plus restreinte que le Palais-Bourbon, des délibérations moins inégales et plus éclairées que celles des conseils municipaux. C'est avec raison que la constitution de 1875, consacrant cette résurrection, a confié aux conseils généraux la haute mission d'organiser la représentation nationale dans le cas où la capitale tomberait encore une fois aux mains de l'ennemi ou des incendiaires. Au prix d'un tel service, les inconvéniens de détail me touchent peu. Il était inévitable que l'organe ainsi constitué fût envahi par la politique. On devait prévoir que chaque élection pour le conseil général, déviant de son but, serait considérée comme un verdict de l'opinion, et permettrait aux partis de se compter; que l'assemblée elle-même sortirait quelquefois de ses attributions propres pour voter des résolutions incorrectes. Cependant, même envisagée sous cet aspect, l'institution a donné mieux qu'on n'attendait. Les sorties virulentes deviennent plus rares, les têtes se calment, les conseillers se préoccupent davantage des affaires du département. Il me suffit de constater ici deux notables résultats : le premier, c'est que le conseil général, dans sa courte histoire, a suivi une marche analogue à celle de tous les parlements, petits ou grands, de toutes les institutions vivantes qui ont germé parmi les peuples : humbles débuts, avec des attributions d'abord uniquement financières, dont les assemblées se servent pour adresser des remontrances ou des vœux; croissance rapide aux dépens des organes voisins, empiétements sur le pouvoir exécutif : ce qui est encore un trait de ressemblance avec le vrai parlement. Le second point, c'est que les conseils ont travaillé, qu'ils font tous les jours des progrès, qu'ils participent largement au développement de la vie administrative. Il suffirait pour s'en convaincre d'ouvrir quelques-uns des volumes — minces brochures à l'origine, grosses compilations maintenant — qui contiennent, depuis 1840, le résumé de leurs travaux; ou, mieux encore, d'entrer dans la salle des délibérations.

La discussion, sans doute, y paraît assez terne : il faut s'en féliciter. Les affaires locales, quand elles sont traitées sérieusement, n'exigent pas un grand déploiement d'éloquence. Toute la besogne utile se fait dans les commissions. En séance publique on expédie vivement les votes. Si une difficulté se présente, la discussion se renferme entre deux ou trois spécialistes et ne passionne guère le débat. Le temps se passe à lire des rapports fort utiles et fort ennuyeux. Les bons jours sont ceux où quelque enfant terrible lance un pétard qui réveille l'assemblée. Ce sont presque toujours des escarmouches entre l'opposition et le préfet. Il s'agit de faire enrager ce fonctionnaire, que le devoir retient sur son siège, à côté du fauteuil présidentiel. Chaque orateur lui adresse en passant une ruade, qu'il s'efforce de supporter sans broncher. On lui rogne ses dépenses, et l'on épluche curieusement ses comptes. D'autres fois, au contraire, ce sont des politesses dangereuses à son adresse. Mais cette guerre à coups d'épingle ne prête pas aux grands effets. Les séances à sensation sont rares. Aussi l'espace réservé au public est-il généralement vide. Il est amusant d'observer la déconvenue de quelques badauds accourus dans l'espoir d'entendre ou de faire du tapage, et complètement déroutés par la lecture d'un pesant rapport sur les chemins vicinaux. Moins ces assemblées feront parler d'elles, plus elles nous feront de bonne besogne.

On ne s'est pas borné à étendre les attributions du conseil général. La loi de 1871 a tiré de son sein un enfant, une sorte de conseil restreint et permanent qui le représente en son absence, assiste le préfet, prend des décisions importantes : c'est la commission départementale, calquée sur une institution semblable qui fonctionne depuis longtemps en Belgique et en Italie. Cet organe a, chez nous, quinze années d'existence ; je ne sais s'il a beaucoup activé l'expédition des affaires. Bon nombre de préfets donneraient volontiers au diable la commission et son président, lequel a parfois le talent de se rendre insupportable. On plaint avec raison le malheureux chef de division forcé de servir deux maîtres, tiraillé entre son supérieur hiérarchique et le mandataire élu, courant après ses dossiers, voyageant sans cesse d'un bureau à l'autre. On ajoute que ces contrôles multiples se gênent réciproquement et ne produisent pas toujours la lumière. Ce qui est incontestable, c'est que les travaux de la commission instruisent au moins ses membres, et que l'avantage profite indirectement à la communauté, car le conseil général tout entier y passe par fournées successives, et se trouve ainsi initié aux affaires bien plus complètement que pendant les sessions trop courtes. Il est bon que les mandataires du peuple, à tous les degrés, trouvent le temps d'apprendre ce que c'est qu'un dossier. Rien ne vaut une telle poignée de documents précis pour couper court aux divagations. La commission départementale est, en somme, une bonne école d'enseignement mutuel. On y bégaye assez péniblement la langue administrative, mais on en sort avec un petit bagage de connaissances exactes. J'imagine même que quelques radicaux à longs poils rapportent de cette expérience un certain respect pour les bureaux et sont un peu moins disposés à envisager l'hôtel de la préfecture comme le palais de la Belle au Bois-Dormant.

Il serait facile d'améliorer l'institution et de corriger la loi de 1871. Celle-ci, trop défiante à l'égard des préfets, aurait dû leur donner la présidence de la commission départementale, comme cela se passe en Belgique. Du même coup, on aurait supprimé les causes d'antagonisme. Elle aurait dû également mieux définir les attributions. Autant il est naturel de laisser l'examen des questions financières au conseil général ou à ses délégués, autant il paraît absurde de leur conférer un pouvoir de décision dans des affaires qui relèvent essentiellement de l'exécutif. Avec ces légères retouches, la commission départementale garderait sa principale utilité, qui est de rapprocher autour du même tapis vert, dans le calme d'un labeur sans éclat et sans publicité, le délégué du pouvoir central et les mandataires élus du département.

Ainsi, du haut en bas, depuis l'assemblée du village jusqu'au conseil général, la vie abonde et circule avec force. Les lumières, moins répandues, augmentent à mesure qu'on gravit les degrés de cette échelle de Jacob. Les uns secouent leur indifférence, les autres se dégagent du brouillard des théories, et commencent à saisir, de leurs mains encore inhabiles, non plus des phrases, mais des faits. Ceux qui jugent notre pays d'après les agitations de la surface ne le connaissent pas : profitant des libertés qu'on lui accorde pour conquérir celles qu'on lui refuse, il est en train de se transformer profondément. Il s'est mis résolument à l'école des affaires, qui est celle du sens commun. La France départementale a travaillé, malgré les crises ministérielles, comme la France militaire, malgré le changement de ses chefs. Les débats peu retentissants des assemblées secondaires auront une influence décisive sur le développement de nos aptitudes politiques, et par conséquent sur notre avenir.

Il reste à voir si cette croissance naturelle n'est pas gênée par une législation maladroite, et si nos velléités d'indépendance ne risquent pas d'être étouffées sous le poids des règlements.

CHAPITRE VII

LA TUTELLE ADMINISTRATIVE

Pour le gros du public, le mal réside dans le grand nombre des fonctionnaires; cette opinion, si accréditée, n'est pas dénuée de fondement. Dès 1845, M. Vivien estimait à 250 000 le nombre des citoyens qui émargent au budget, y compris les prêtres et les officiers. Aujourd'hui, avec les grands travaux, il n'est pas excessif d'évaluer à 380 000 le nombre des fonctionnaires de toute catégorie : soit un pour cent habitants. Sur cent petits Français qui naissent, et par conséquent sur cinquante poupons du sexe masculin, il y en a toujours un qui est prédestiné à gouverner, taxer, morigéner, recruter ou instruire ses contemporains. Sans être prophète, on peut prédire que cet être privilégié sera mal payé, mais qu'à force de se multiplier il finira par coûter très cher à l'État, et que les commissions du budget se feront un honneur de lui rogner les ongles, sans parvenir cependant à le dégoûter de son métier.

En face de cet état-major, le suffrage universel investit un nombre de citoyens encore plus considérable du droit de servir leur pays gratuitement. Il nomme directement ou par intermédiaire environ 3000 conseillers généraux, 37 000 maires et 400 000 conseillers municipaux. Voilà des gens qui, de leur plein gré, s'assemblent deux fois, quatre fois l'an, souvent davantage, pour traiter de leurs intérêts communs, sans qu'il en coûte rien au Trésor. On conçoit que, dans un temps de pénurie financière, la Chambre des députés ait une prédilection secrète pour les fonctionnaires gratuits. Elle s'est demandé si ces excellents citoyens, qui consentent à épouser la chose publique « sans dot », n'étaient point capables d'administrer librement leurs affaires, qui sont aussi les nôtres, sans être tenus en lisière par un gouvernement paternel, si cette manière de procéder, conforme à l'esprit de la démocratie, n'était pas encore la plus économique. C'est toute l'administration intérieure des départements et des communes que la Chambre voulait refondre en bloc, avec une ardeur irréfléchie. Elle s'est aperçue qu'elle ne comblerait pas un déficit de 200 millions en supprimant quelques sous-préfets; mais la question de gros sous a eu l'avantage de ramener l'attention sur les principes mêmes de notre organisation publique.

La tutelle administrative est chez nous fort ancienne. Qu'on me permette de résumer son histoire dans un simple apologue.

Un marchand et un laboureur vivaient côte à côte, en assez bonne intelligence. Tous deux étaient à l'aise. Ils avaient acheté sur leurs économies un petit domaine; ils le cultivaient en paix, sous la protection lointaine d'un haut et puissant baron qui ne les tracassait pas trop. Il arriva cependant qu'ils se querellèrent et s'endettèrent. L'un ne manquait pas de savoir, mais il était présomptueux. L'autre avait de la prudence, mais il était ignorant. Ils firent si bien que tout leur avoir allait passer aux mains des grippe-sous et des usuriers. Dans cet embarras, ils eurent recours au seigneur, qui leur fournit des moyens de faire une honnête banqueroute. Mais il leur démontra sans peine que, pour éviter à l'avenir pareille mésaventure, ils devaient s'en remettre à lui du soin de leurs affaires, lui laisser tout au moins feuilleter leur livre de raison. Il déléguerait tout exprès un intendant, très habile homme, avec ordre de ne les point vexer, mais pleins pouvoirs pour dire son mot dans l'occasion. C'était sagement parler : le marché fut bientôt conclu.

Toutefois l'intendant avait mille soucis en tête. Il

....

s'absentait souvent. A son tour, il délégua un *subdélégué*. Cette fois l'ambassadeur n'aurait aucune distraction : il installerait sa demeure sur le terrain même, entre le bourgeois et le croquant son compère; pour plus de sûreté, il ne les quitterait pas des yeux. Nos gens commencèrent à sentir où le bât les blessait. D'abord il fallut payer ce contrôleur bénévole. Puis on ne put faire un pas, soutenir un procès, vendre un lopin de terre sans sa permission. Il en référait à l'intendant, lequel prenait l'avis du seigneur, et c'était des lenteurs à décourager la patience d'un bœuf. Le laboureur cependant ne soufflait mot. Mais le marchand était d'humeur moins accommodante. Il tempêtait, criait, jurait, jusqu'au jour où M. le subdélégué lui faisait une petite place au bout de sa table : la vanité satisfaite fermait alors la bouche à ses impertinentes réclamations.

Sur ces entrefaites, il se produisit un grand bouleversement dans la maison du maître : il avait mangé son blé en herbe, gaspillé son patrimoine, fortement entamé celui de ses vassaux. Les serviteurs pressurés, mal payés, murmurèrent, se révoltèrent, et finalement le mirent à la porte, bien résolus à se gouverner tout seuls. Nos deux voisins eurent part dans la curée. Non seulement ils reprirent la libre disposition de leurs deniers, mais encore ils firent main basse sur la vaisselle du château, sur la cave, sur tout ce qu'on put sauver dans la débâcle, et ils allumèrent un feu de joie avec les vieux parchemins.

Ce fut « tout justement la cour du roi Pétaud ». Chacun tirant de son côté, l'argent disparut en un clin d'œil. On fit pis encore : on démolit, on incendia, on se roula dans la boue. Le marchand peut-être eût recouvré son sang-froid, si on lui avait laissé du temps. Mais le piqueur de bœufs était décidément ivre mort. A la fin, les serviteurs, dégoûtés d'eux-mêmes, rappelèrent un maître. Il s'en trouve toujours : peu importe le nom. L'ordre rentra dans la maison, avec l'ordre un morne silence. On ne fit aucune différence entre la brute et l'homme intelligent, mais égaré. Tout le monde se soumit, car on avait soif de repos. Le nouveau seigneur du lieu fit avec nos deux propriétaires le pacte suivant :

« Vous voyez, dit-il, que vous êtes incapables de vous conduire tout seuls; car depuis qu'on vous a ôté vos lisières, vous trébuchez partout. L'expérience est concluante, puisqu'elle s'est faite en pleine révolution, ce qui est évidemment la meilleure condition possible pour installer un gouvernement raisonnable. Tout le monde sait que la meilleure préparation à la liberté, ce sont de longues années de servitude. Mais je suis bon. En échange de vos franchises, je vous offre la sécurité. Votre domaine est insuffisant : votre appétit a grandi plus vite que vos ressources. Faisons désormais bourse commune. Mes revenus seront les vôtres. Comme je ne dois pas y perdre, vous me payerez un supplément d'impôts. N'est-ce pas tout profit? Je vous prêterai mes comptables, mes arpenteurs, mes charretiers, mes chausséeurs, mes voyers; quant à vous, après l'agrément de semer, vous n'aurez que le plaisir de récolter... »

Les deux voisins acceptèrent d'autant plus volontiers qu'ils étaient confus de leur escapade. On leur adressa de beaux comptes bien alignés; on leur demanda seulement leur signature et leur argent. Le bourgeois grommelait quelquefois : il aurait voulu comprendre ce qu'il signait. Mais le laboureur, penché sur son sillon, ne voyait pas plus loin que le bout de son nez. L'un portait la peine de l'incapacité de l'autre, et tous deux expiaient leurs folies passées. Ils avaient des chemins bien entretenus, des pédagogues patentés pour leurs enfants. Mais ils ne pouvaient disposer d'un sou ni remuer une pierre sans le consentement du maître. Tout sacrifice volontaire devint prétexte à ingérence. La source même des élans généreux tarit, parce que les dons n'étaient plus spontanés. Le comble de l'art fut de créer entre ces compagnons de chaîne une émulation de servitude en leur distribuant, à titre de faveur, ce même argent qui sortait de leur poche. Sont-ils aujourd'hui plus heureux? C'est l'éternel débat entre le loup et le chien. Mieux vêtus, mieux logés, mieux nourris certainement : libres, non pas.

Telle est, en deux mots, la destinée des communes, depuis la grande ville jusqu'au dernier village. Au XVIe siècle, elles gèrent leur bien comme elles l'entendent et se ruinent à discrétion. La déclaration du 7 juin 1659 les met en état de minorité. En 1683, elles font une banqueroute partielle, avec autorisation du gouvernement. Depuis lors, placées sous la tutelle des intendants, étroitement surveillées par un pouvoir qui n'a jamais séparé la politique de l'administration, elles ne cessent pas d'être tenues de court. Les plaintes des cahiers, en 1789, portent déjà sur l'excès de protection et particulièrement sur les inconvénients du double contrôle exercé simultanément par l'intendant et par l'assemblée provinciale. Il y a là des observations dont nos conseils généraux pourraient faire leur profit. Tocqueville n'exagère pas lorsqu'il dit que nous n'avons rien inventé en fait d'administration. C'était autrefois la même paperasserie, la même lenteur, compliquée encore de celle des parlements. Il m'est arrivé de retrouver, dans des archives rurales, la correspondance d'un subdélégué; j'ai dû regarder plus d'une fois la date et le gros papier jauni pour m'assurer qu'elle n'était pas due à la plume d'un sous-préfet : même procédure, même rédaction vague et circonspecte. Depuis lors, les formes ont souvent varié, le fond est resté le même. Les désordres de la Révolution, conséquence d'une émancipation prématurée, fournirent de nouvelles armes au pouvoir central. Ils jetèrent sur les libertés locales un discrédit qui n'est point encore complètement dissipé. Les lois les plus libérales, celles de 1837, de 1867 et même de 1884, ont régularisé la tutelle administrative : elles en ont à peine atténué le poids.

Notez qu'il s'agit d'une véritable tutelle, et non, comme on essaye de le faire croire pour ménager l'amour-propre des communes, d'une subordination analogue à celle des cours et tribunaux, avec des degrés de juridiction et un droit d'appel. Je consens à voir dans la commune le dernier échelon d'une hiérarchie pour l'exécution des lois générales, pour la police, pour l'impôt; mais, quand on la dirige dans ses propres affaires, ou bien les mots n'ont plus de sens, ou l'on fait acte de tuteur, puisque l'objectif est de soutenir le faible et de contenir le prodigue. L'ancien régime était plus franc : il nommait crûment les choses par leur nom. N'est-ce point agir en bon père de famille que de protéger un conseil municipal contre les fantaisies d'un maire qui l'opprime, ou contre ses propres inconséquences, plus dangereuses encore? Ne sont-ce pas des enfants, ces villages qu'une civilisation très ancienne et comme superposée a dispensés de vouloir et de décider par eux-mêmes? Ne faut-il pas les prendre par la main pour les guider dans le dédale de la procédure administrative? Non seulement la plupart des actes qu'on interdit aux communes sont précisément ceux que ne peut faire un mineur, à savoir aliéner, emprunter, plaider; mais encore le principe est le même, car il repose, dans les deux cas, sur l'incapacité présumée. Or les trois quarts des communes sont réellement incapables, non par définition, mais par un concours de circonstances : d'une part, leur ignorance ; de l'autre, la complication des lois. Songez que pour la moindre affaire ce sont des pièces et des grimoires à n'en plus finir. Chaque délibération doit être accompagnée de dix ou douze documents, enquêtes, certificats, que sais-je? Faute d'un seul papier, le dossier est renvoyé impitoyablement à la mairie. Le maire illettré tourne cela dans tous les sens et roule de gros yeux sans y rien comprendre.

Si je regrette qu'on n'appelle pas « un chat un chat », et nos communes des « mineures », ce n'est point par pédanterie ni scrupule de grammairien :

c'est que toute mauvaise définition a des suites très fâcheuses. Par exemple, une tutelle confessée et acceptée change de caractère suivant la personne à laquelle elle s'adresse. Elle n'est pas la même pour l'enfant et pour le prodigue. De plus, elle ne dure pas toujours. On peut espérer des jours meilleurs : l'enfant grandit, le prodigue se corrige. Mais, du moment où l'on émet la prétention de traiter tout le monde sur le même pied, de n'employer aucun mot blessant, il faut soumettre à une règle uniforme toutes les communes, aussi bien la ville de cinquante mille âmes que le village de cent habitants, ce qui est le comble de l'absurdité. On doit, suivant le mot de Vivien, restreindre les droits de tous à cause de l'incapacité de quelques-uns. Après quoi, le législateur satisfait se croise les bras et déclare que sa règle est immuable. Comme si les procédés étaient les mêmes pour aiguillonner les uns et pour retenir les autres! Comme si le rôle d'un père ressemblait à celui d'un séquestre ! Dans la vie privée, il y a de grandes personnes qui ont toutes leurs dents et qui commettent de fortes sottises; mais on attend du moins qu'elles aient fait leurs preuves d'incapacité pour les interdire. Dans la vie publique, tout au rebours : les villes, fussent-elles les plus économes du monde, sont soumises aux mêmes formalités que leurs voisines les plus folles, et la tutelle est toujours préventive. On n'agirait pas autrement si l'on décrétait que tous les citoyens français majeurs seront dorénavant pourvus d'un conseil judiciaire, en prévision des incartades qu'ils pourraient commettre. Malheureusement, l'égalité, c'est comme le suffrage universel; quand on en a une fois tâté, on ne veut plus en démordre. Nous sommes condamnés à maintenir toutes les communes sous le même joug; et nous ne pourrons émanciper officiellement Bordeaux que le jour où Fouilly-les-Oies atteindra sa grande majorité.

Le seul palliatif, c'est de choisir des tuteurs habiles et discrets, capables de déguiser un ordre sous la forme d'un conseil, sévères à l'occasion, indulgents à propos. Dans toute administration, il y a un personnel sédentaire et bureaucratique; il y en a un autre plus actif, qui entre en relations directes avec les hommes. Les bureaux examinent si les dossiers sont en règle; ils ont sous les yeux le texte des lois et des circulaires ; ils déduisent de ces prémisses, par un procédé presque mécanique, la solution des affaires. Les agents actifs, au premier rang desquels il faut mettre les préfets et les sous-préfets, ont pour mission d'accommoder les solutions légales à la variété infinie des cas particuliers. Ce sont, avant tout, des négociateurs. L'administration sédentaire, gardienne vigilante des traditions, a un penchant pour l'interprétation judaïque. Il y a du pharisien dans le bureaucrate. Jugeant sur pièces, il est paperassier. Jugeant de loin, il connaît peu les hommes. Plus soucieux de contrôle que d'activité, il est, de sa nature, temporisateur. Enfin, n'ayant ni le mérite ni l'aiguillon de l'initiative personnelle, fonctionnaire anonyme, il fuit les responsabilités. Toute autre est la tâche d'un bon préfet. S'il n'avait d'autre souci que d'appliquer mécaniquement les lois, il serait désarçonné à la première rencontre, car il s'agit précisément de faire face aux cas imprévus. Il doit être homme d'expédients. A lui d'exciter ou de retenir, d'atténuer l'égalité factice des villes et des villages en rendant, pour les premières, la tutelle presque nominale. A lui la rude besogne de manier l'amour-propre de cinq ou six cents maires et de tous les corps élus. S'il est habile, il surmontera les résistances locales sans avoir besoin de recourir à l'arsenal des lois coercitives. S'il est prudent, il n'opposera au vœu d'une commune que les atermoiements nécessaires pour s'assurer que ce vœu est légitime et pour transformer les simples velléités en résolutions définitives. S'il est clairvoyant, il saura discerner une intrigue à travers les formes les plus légales : il se rappellera que les voleurs et les chevaliers d'industrie ont toujours leurs papiers en règle.

Quant aux sous-préfets, leur raison d'être tient dans un seul mot : ils sont, du moins ils devraient être les éducateurs des campagnes.

Leur rôle est généralement peu compris. Il ne dépend ni de l'étendue de leurs attributions ni même de leur pouvoir de décision. Ils sont avant tout les yeux et les mains du gouvernement sur tout le territoire. Un souverain qui connaît bien la France disait dernièrement : « On pense chez vous à supprimer les sous-préfets : quelle erreur ! On se passerait plus aisément des préfets eux-mêmes. » En effet, ceux-ci n'ont pas le don d'ubiquité. S'ils visitaient seulement une commune par jour, comme leur prescrivait naguère une circulaire assez naïve, il leur faudrait quelquefois deux ans pour faire le tour du département. Leur regard, si perçant qu'il soit, ne discerne guère au delà du chef-lieu de canton et de quelques communes récalcitrantes qui ont su introduire des épines dans leur fauteuil. Le reste, ils l'entrevoient vaguement, derrière un nuage d'abstraction. Le sous-préfet doit aller là où ils ne vont point. Si réellement l'administration active consiste à travailler sur des faits, et non sur le parchemin, de toute la hiérarchie le sous-préfet est le mieux placé pour agir. Lui seul connaît le fond et le tréfond de l'humanité rurale. J'ose dire qu'il serait utile à plus d'un abstracteur de quintessence de porter quelque temps la fameuse culotte d'argent. Un monde d'intérêts et de passions dont on ne soupçonnait même pas l'existence ; — pour les amateurs d'histoire, un recul de pensées et de sensations qui les reporte plusieurs siècles en arrière ; — je ne sais quoi de sain et de robuste dans cette vie à demi rustique qui retrempe les forces : voilà ce qu'on trouve dans une sous-préfecture, et ce que Daudet a oublié dans sa ballade du *Sous-Préfet aux champs*. Il semble que, plus près du cœur de la patrie, on peut en compter toutes les pulsations, et qu'on gagne à cette intimité ce qui manque à nos classes supérieures, un regain de confiance dans les forces et dans la jeunesse de la France.

Il est vrai que beaucoup d'administrateurs apportent avec eux des préoccupations bien différentes. La province leur paraît le plus affreux exil. Ils ont les yeux constamment fixés sur Paris et manœuvrent pour s'en rapprocher. Prendre intérêt à de braves gens qui portent blouse leur paraît tout à fait insipide. De rage, ils se claquemurent dans leur cabinet, attendant avec impatience l'occasion de déguerpir. Ceux qu'on recrute dans le pays même ne sont pas toujours les moins dédaigneux ni les plus accessibles. C'est naturel : la sous-préfecture n'est que le marchepied de leur ambition.

Les bons sous-préfets ont porté la peine de la défaveur qui s'est attachée aux médiocres. Choisir avec soin des fonctionnaires qui personnifient le gouvernement auprès des humbles, les soutenir contre leur député quand ils ont raison, cesser de distribuer ces fiefs administratifs comme des bureaux de tabac ou de grasses prébendes pour récompenser des services électoraux, diminuer le nombre des sous-préfectures en relevant la fonction, interdire à MM. les sous-préfets de faire de la politique sans nécessité : voilà une série de mesures qui gagneraient plus de voix au gouvernement républicain que le zèle d'imprudents amis. Peut-être les sous-préfets deviendraient-ils alors ce qu'ils n'auraient jamais dû cesser d'être : des juges de paix intercommunaux, des conciliateurs en première instance.

C'est, on le voit, une opinion très superficielle que celle qui consiste à rejeter sur le tuteur les inconvénients de la tutelle. On devrait le ménager d'autant plus que le système est plus défectueux, puisque, par son tact, il en adoucit les aspérités. La racine du mal est ailleurs : il faut la chercher à la base même de nos institutions administratives.

CHAPITRE VIII

LA COMMUNE ET L'ÉTAT

La plupart des peuples qui pratiquent de naissance le *self government* ont établi une séparation bien tranchée entre les revenus de la paroisse, de la ville, du comté, et ceux de l'État. En Amérique, par exemple, il n'entre pas un centime d'impôt direct dans la caisse fédérale. Les fonctionnaires de l'Union sont payés avec le produit des douanes et de l'accise. Sauf le prix très modéré qui est perçu pour l'acquisition des terres publiques, les taxes sur le sol et sur les maisons sont exclusivement destinées à subvenir aux besoins locaux. De cette manière elles paraissent moins vexatoires pour le contribuable. En outre, telle ou telle ville peut être mal dans ses affaires sans que le crédit de la Confédération en soit affecté. Je ne doute pas qu'à l'heure actuelle, une douzaine de grandes cités

. . . .

américaines, assez médiocrement administrées, ne soient en danger de faire faillite : cependant personne ne s'en émeut; le budget général se solde même par de tels excédents que le dernier message présidentiel se plaint de l'embarras des richesses.

Laissons l'Amérique. On pourrait objecter que la forme fédérale seule comporte, pour les États, le régime de la séparation de biens. Mais l'Angleterre, qui n'est point fédérative, en a fourni le premier modèle. Sans doute, en théorie, le parlement peut tout; il n'est séparé de l'administration que par une limite confuse que les lois déplacent tous les jours. Mais, en fait, presque tous les impôts directs sont venus se confondre avec l'impôt de la paroisse qui s'appelle la taxe des pauvres : ils alimentent à peu près uniquement les services locaux. Les juges de paix du comté, fort indépendants à l'égard de l'autorité centrale, n'ont à subir l'ingérence d'aucun fonctionnaire financier, puisque le budget des taxes directes est entre leurs mains; l'État, ne frappant le contribuable que sous la forme indirecte, ne fait point ombrage à l'initiative locale. Même les dernières réformes, destinées à introduire dans l'administration anglaise un peu plus de contrôle et d'unité, ont respecté ce principe essentiel [1].

1. Voy. le *Bulletin de la Société de législation*, 1875, p. 306 et suiv.

On peut s'en assurer en parcourant les derniers comptes de l'Échiquier : l'impôt foncier n'y figure que pour une soixantaine de millions, sur trois milliards.

Cette répartition des ressources est conforme à la nature des choses. S'il est quelque chose de local au monde, c'est l'assiette des immeubles. Il est logique de mettre la dépense d'un chemin, d'un pavage, d'une fontaine, à la charge de ceux qui en recueillent le bénéfice immédiat. Or la valeur des terres et des maisons est la mesure la moins inexacte de cet avantage. Tout le monde y gagne : l'État, qui est déchargé d'une grosse responsabilité ; l'humble tenancier, qui voit travailler son argent sans sortir de chez lui ; le gros propriétaire, dont l'importance s'accroît en proportion des taxes qu'il supporte ; enfin le bourg et le comté, qu'aucune intervention providentielle ne dispense du soin de leurs propres affaires.

Chez nous, rien de pareil. L'État et la commune ont contracté de bonne heure une union financière qui n'est point encore dissoute. Tous deux puisent dans la caisse de l'impôt direct. On sait quelle était l'importance de la taille sous l'ancien régime. Si la monarchie montra quelque tendresse à l'endroit des communautés de campagne, ce fut pour en extraire plus facilement des revenus. La Révolution, en déplaçant l'axe du pouvoir, n'a pas mieux tracé la ligne de démarcation. Les membres de la Constituante avaient été élevés à l'école de Quesnay et des physiocrates : pour eux, toute richesse venait de la terre; par conséquent tout impôt devait reposer sur le sol. Ils n'auraient jamais compris qu'un État pût subsister principalement sur les taxes de consommation. Cette conception financière domine toute leur œuvre.

Dans la réaction qui suivit, l'État reprit ses anciens droits, mais ce fut pour envahir résolument le domaine des intérêts locaux. Le désordre disparut, mais non la confusion des ressources des communes avec celles du gouvernement. Ce fut précisément la répartition de l'impôt direct qui servit de cadre aux assemblées locales de tous les degrés : département, arrondissement, commune. Aujourd'hui encore, ce n'est qu'après avoir pourvu aux besoins de l'État qu'elles peuvent greffer un certain nombre de centimes additionnels sur le tronc principal de l'impôt direct. Il semble qu'on leur fait une grande grâce lorsqu'on leur permet de rentrer ainsi dans une partie de leur bien. En revanche, l'État leur prête ses percepteurs, ses comptables. Mais que devient leur initiative? Dès qu'elles ont voté le centime, les voilà entraînées dans la grande machine qui coupe, taille, retaille et répartit tout cet argent mis en bloc.

Le contribuable paye sans trop savoir pour qui, à moins qu'il n'ait la patience de déchiffrer le petit papier qu'on lui remet. Il peut lire alors dans un coin la répartition de ses déboursés : tant pour la commune, tant pour le département, tant pour l'État. Naturellement ce dernier s'est fait la part du lion.

Telle est cependant la force des choses que plus nos budgets enflent, moins les contributions directes y prennent une place importante : tout au contraire, les centimes additionnels, cette excroissance de l'impôt, ne cessent de grossir, de sorte que l'accessoire finira par emporter le principal. Voici, à cet égard, quelques chiffres très démonstratifs : en 1836, le principal des contributions directes était de 256 millions; les centimes additionnels ne dépassaient pas 14 millions. Cinquante ans plus tard, en 1886, la part de l'État est de 356 millions environ; celle des communes et des départements atteint 357 millions[1] ! Ainsi, dans l'intervalle d'un demi-siècle, l'impôt direct, cette pierre angulaire de nos anciens budgets, n'a donné au Trésor que 100 millions de plus, tandis que le centime additionnel, destiné aux dépenses locales, d'abord insignifiant, atteint et dépasse le principal de l'impôt. Le fleuve, détourné au profit de l'État, rompt ses digues séculaires et retourne à sa pente. Beaucoup

1. *Annuaire statistique de la France*, publié par le ministère du commerce, 1886, p. 598.

de financiers se lamentent sur les folles dépenses des communes : n'est-ce pas plutôt que, en tirant à elles l'impôt direct, elles reprennent ce qui leur appartient?

Il me semble saisir dans ce fait capital la souche profondément enfouie, la maîtresse racine de la centralisation administrative. On peut élaguer une branche, greffer sur le vieil arbre un fruit nouveau ; mais, tant qu'on n'aura pas fait cesser cette confusion des ressources, le mariage intime de la vigne à l'ormeau subsistera. La plante délicate de l'intérêt local, incapable de se soutenir seule, ne cessera pas d'enrouler sa végétation parasite autour du tronc antique de l'État, au risque de lui ravir une partie de sa substance et de ne jamais se redresser elle-même.

Qu'on juge plutôt des conséquences : toutes les fois qu'on a voulu donner un peu plus d'indépendance aux communes, les partisans de la centralisation ont démontré victorieusement que c'était compromettre l'équilibre du budget, puisqu'il y avait solidarité financière. La moindre prodigalité d'une ville rejaillirait sur le crédit public. C'est le grand argument de M. Thiers dans les discussions de 1833.

D'autre part, comme le gouvernement prenait sur lui la gestion du patrimoine municipal, il a fallu introduire dans les écritures communales les règles rigides et les complications savantes dont la Cour des comptes a le dépôt suprême. Le moindre village possède un budget ordinaire et extraordinaire, un budget primitif et rectificatif, un compte de gestion du maire, etc. A mesure que le grimoire se complique, le campagnard perd la tête; de sorte que, par un cercle vicieux, ce contrôle implacable rend la tutelle plus nécessaire. De plus, les communes ne peuvent prendre de décision sur leurs propres affaires que jusqu'à concurrence d'un certain chiffre : la puissance publique intervient à chaque instant pour autoriser les emprunts ou les impositions, pour approuver un bail, une réparation. L'initiative municipale est limitée de telle sorte que les conseils ne savent plus eux-mêmes où commence, où s'arrête leur droit, et, pour en finir, envoient tout à la préfecture, pêle-mêle. Par exemple, la loi les autorise à louer, vendre, acheter, avec cette restriction admirable : « pourvu que la dépense totalisée avec les autres dépenses de même nature (?) ne dépasse pas les limites des ressources ordinaires et extraordinaires facultatives »; et ainsi de suite. Voyez-vous le malheureux maire chargé de résoudre ce problème? Il n'essaye même pas : il court chez le percepteur, au chef-lieu, n'importe où; il se livre à la discrétion des bureaux. C'est le triomphe de la machine sur l'homme. Pour les chemins, il y a de telles subtilités, qu'on ne sait à qui entendre : suivant le classement, c'est tantôt le maire, tantôt le préfet, tantôt la commission départementale qui décident.

Il serait fastidieux de multiplier les exemples. Qu'on sache seulement que, depuis la loi de 1837, soit paresse, soit timidité, soit indifférence, le législateur n'a jamais osé remanier de fond en comble ce système vieilli. La loi la plus libérale, celle de 1884, a établi quelques bons principes : elle a étendu le pouvoir de décision des conseils en laissant seulement aux préfets, dans un certain nombre de cas, le droit d'opposition. Mais elle a laissé subsister tant de distinctions délicates, elle a multiplié tellement les cas d'intervention supérieure, qu'en réalité cette liberté, qui devrait être la règle, est toujours l'exception, et que les communes sont hors d'état d'en profiter. En outre, cette loi porte la marque d'une défiance incurable à l'égard des préfets, qu'elle dépossède à chaque instant au profit, non des plus intéressés, mais d'une bureaucratie quelconque. C'est une maladie parlementaire. Tout agent du pouvoir exécutif est un suspect. Enfin les dispositions de ce prétendu code municipal sont si peu claires, qu'immédiatement il a fallu, pour l'expliquer, une circulaire du ministère de l'intérieur qui est elle-même un volume; elles sont si timides en matière financière, qu'un magistrat de la Cour des comptes, M. Audibert, les a caractérisées comme

....

peu libérales, dans son discours de rentrée de novembre 1884.

J'ai sous les yeux un curieux témoignage de l'ahurissement des communes en présence d'une législation si obscure. Ce sont les questions posées au journal *le Conseiller municipal*, publié naguère par M. Ferdinand Dreyfus, ancien député de Seine-et-Oise. On voit des gens affolés, qui ont peur de leur ombre. Exemple : On craint que la maison du maire ne soit ébranlée; que faut-il faire? Réponse : Choisir un bon architecte, etc. — Demande : Lorsqu'un bâtiment communal exige des réparations urgentes, le maire peut-il choisir l'architecte qui lui convient? Réponse : C'est selon; il faut qu'elles soient très urgentes. — Et celle-ci : Une société de musique a-t-elle le droit de jouer, sans autorisation préalable, sur un terrain attenant à la voie publique? Réponse : Les personnes qui dirigent la Société feront bien, pour éviter tout désagrément, de s'entendre avec les autorités compétentes. — Le dialogue se poursuit, aussi instructif, et remplit plusieurs pages de chaque numéro.

La confusion des droits des communes avec ceux de l'État produit deux conséquences particulièrement regrettables : l'extension démesurée donnée au régime des octrois, et l'abus des subventions.

Comme l'État prenait pour lui la plus grosse part

de l'impôt direct et le détournait ainsi de son emploi naturel, les villes, ne pouvant pas multiplier indéfiniment les centimes, ont dû chercher d'autres ressources; repoussées de leur terrain légitime par leur terrible associé, elles ont envahi à leur tour le domaine des contributions indirectes. De là ces octrois qui ont pris un tel développement dans notre pays, et qui aggravent si lourdement les droits de consommation que nous payons à l'État. Le produit total des octrois, que l'administration publie tous les ans, s'élevait, chiffre brut, à 54 millions en 1831; il atteint, en 1883, 285 millions [1]! Rien de plus barbare et souvent de moins équitable. Ces barrières intérieures rappellent les douanes de province à province, abolies par la Révolution. Cependant la loi de 1884, dans l'espoir d'empêcher le recours à de nouveaux centimes additionnels, a mis des entraves à la diminution des taxes d'octroi. C'est ainsi qu'une erreur en entraîne d'autres. On a vu que le produit total des octrois représentait, à cinquante millions près, l'équivalent de ce que l'État prélève sur l'impôt direct : les villes ont dû regagner d'un côté ce qu'elles perdaient de l'autre, mais au détriment du consommateur et de leur propre indépendance : rien de plus compliqué que la législation des octrois, rien

1. *Annuaire statistique*, p. 632.

qui exige davantage l'intervention perpétuelle et minutieuse de l'autorité centrale.

Ne saisit-on pas, comme sur le fait, le dommage causé par cette confusion d'intérêts qui pousse l'État et les communes à empiéter sur leur domaine réciproque? et n'est-il pas curieux que la force des choses amène un certain équilibre entre ces emprunts mutuels, dont le contribuable paye tous les frais?

Le système des subventions, tel qu'il est appliqué aujourd'hui, ne me paraît pas meilleur. On sait en quoi il consiste : l'État prélève sur ses revenus généraux de quoi suppléer à l'insuffisance des communes pour une dépense déterminée, par exemple pour la construction d'une école ou l'exécution d'un chemin. Ce rôle de Providence est justifié par deux raisons : rétablir l'égalité entre les communes inégalement riches, et vaincre l'apathie des municipalités en les forçant à s'imposer aussi certains sacrifices. C'est une manière de faire sortir de la poche du contribuable l'argent qui dort, pour le consacrer à des dépenses qu'on juge indispensables. Tant qu'il s'agit simplement de venir en aide aux villages les plus déshérités, de constituer en leur faveur une sorte de société de secours mutuels, le procédé est parfaitement légitime. Il serait préférable que l'initiative vînt d'en bas; mais, pour des intérêts aussi graves que l'enseignement ou la circulation, un grand pays comme le nôtre ne peut pas se mettre à la remorque d'un conseil municipal têtu et ignorant. Il faut lire les rapports officiels sur l'inertie des commissions scolaires. En Savoie, par exemple, département éclairé, sur 328 commissions, 121 sont favorables à la loi, 46 hostiles et 161 indifférentes. On doit à tout prix vaincre cette indifférence : aussi n'est-ce pas l'usage, c'est l'abus que je critique. Au lieu de limiter l'emploi des subventions à quelques cas intéressants et choisis, on l'a généralisé à toutes les communes de France. Tour à tour elles viennent puiser dans la bourse de l'État. Elles prennent ainsi la douce habitude de tendre leur corbeille pour recevoir la manne céleste. Elles ne voient pas que cette prétendue faveur n'est qu'une restitution : l'argent revient à sa source, par un long et coûteux détour. Il vaudrait bien mieux pour elles que la somme fût votée et dépensée sur place; on ôterait à l'État un prétexte fort plausible d'intervention. Le rôle de bienfaiteur et de patron qu'il assume l'autorise à surcharger de formalités nouvelles la procédure administrative, déjà si lente. Il retire en détail les franchises que la loi accordait en bloc. La commune, ou tout au moins le département, étaient compétents pour décider; mais, puisque l'État donne quelque chose, il faut envoyer le dossier au ministère.

Peu à peu les dossiers prennent tous le même chemin, et l'autorité locale se trouve dessaisie. Nous sommes ainsi moins libéraux que le second empire, qui motivait en ces termes le décret de décentralisation du 25 mars 1852 : « Considérant qu'on peut gouverner de loin, mais qu'on n'administre bien que de près... » Formule irréprochable, faussée jadis par la candidature officielle, et qu'il suffirait d'appliquer sincèrement aujourd'hui pour entrer dans la voie des réformes pratiques.

Le système des subventions, les avances beaucoup plus légitimes faites aux communes par la Caisse des chemins vicinaux ou par celles des écoles, ont eu pour effet direct de restreindre l'autonomie locale. Si l'on avait la patience de lire toutes les circulaires ministérielles qui se sont succédé depuis quinze ans, on verrait qu'une espèce de fatalité déjoue les intentions les plus libérales du législateur et que les bureaux du centre reprennent en détail ce que la loi accorde en bloc. De plus, comme dans la langue administrative, subvention et don gracieux sont synonymes, on favorise la doctrine commode des partis politiques, qui distingue entre les droits acquis et les faveurs. Justice pour tout le monde, disent-ils ; mais qu'on nous permette au moins, sur notre superflu, d'obliger nos amis. C'est ainsi que le gouvernement le plus honnête glisse peu à peu, à son insu, sur la pente de la candidature officielle. Le rapporteur de la loi du 10 août 1871 sur les conseils généraux s'exprimait en ces termes : « La commission, convaincue qu'en France la corruption électorale *s'exerce beaucoup plus sur les êtres collectifs que sur les individus*, a voulu imposer des règles certaines à la distribution des secours et subventions. » Oui, c'est bien là l'esprit de nos campagnes : un grand fonds de droiture privée, une certaine ignorance de la chose publique ; l'habitude de confondre les intérêts généraux avec ceux du clocher de telle sorte que les faveurs qu'on déverse sur le clocher paraissent la justice même à ceux qui vivent dans son ombre. Le mot du rapporteur est la condamnation des subventions. Qu'elles soient souvent un expédient nécessaire, qu'elles aient permis de compléter le réseau des chemins et d'édifier des centaines d'écoles, soit ; mais il ne faudrait pas les perpétuer, comme une institution définitive et rationnelle.

CHAPITRE IX

LES RÉFORMES POSSIBLES

En résumé, l'administration locale, en France, a un caractère mixte. D'un côté, une vaste machine dont les rouages transmettent dans chaque localité l'expression de la volonté du plus grand nombre, sur toutes les questions qui touchent aux intérêts généraux, c'est-à-dire sur presque toutes. Cette machine est l'œuvre de la logique et des lois. De l'autre côté, des assemblées reproduisant les mouvements et les passions du corps électoral. Certainement, la présence simultanée sur le même territoire d'une armée de fonctionnaires disciplinés à la romaine et d'une autre hiérarchie élective imbue de l'esprit républicain n'est pas, pour la France contemporaine, un médiocre embarras. Imaginez qu'après la mort de Dioclétien, au moment où l'administration impériale atteignait son apogée, la province la plus vivace, la Gaule par exemple, se fût avisée de proclamer la République tout en conservant les officiers impériaux; que, dans les harangues du temps, on eût célébré à la fois le gouvernement du peuple par lui-même, et les merveilles de la centralisation. On aurait vu sans doute, comme chez nous, les pauvres fonctionnaires, dépouillés de leur prestige, flotter irrésolus entre l'ancien souverain et le nouveau, faire antichambre chez le magistrat élu que, la veille, ils retenaient de force sur sa chaise curule et dissimuler avec soin quelques lambeaux de pourpre sous leur toge républicaine.

La liberté absolue, qui consiste à laisser chaque groupe traiter seul ses propres affaires, n'est point encore entrée dans nos mœurs. La forme de notre gouvernement est encore trop contestée pour qu'on puisse abandonner aux influences hostiles la gestion des intérêts locaux. Sur d'autres points, l'obstacle consiste dans l'ignorance et la routine des citoyens, qui ont été très lents à saisir les avantages des communications rapides et sont encore rebelles à ceux de l'instruction. Dans les deux cas, la volonté de tous, dégagée de la masse confuse du suffrage universel, fortifiée par la discussion, exprimée dans les lois, réalisée par l'administration, après avoir monté des extrémités au centre, revient du centre aux extrémités avec plus de force contre la résis-

. . . .

tance des uns, plus de lumière contre l'inertie ou l'impéritie des autres.

Mais si ces circonstances expliquent et justifient l'intervention du pouvoir central, il y a loin cependans de la tutelle envahissante, telle que la comprenaient le Consulat et l'Empire, au système actuel ; et il y a encore loin du système actuel à celui qu'on peut espérer voir fleurir un jour. Siéyès disait : « La confiance vient d'en bas ; le pouvoir doit venir d'en haut. » Nous disons aujourd'hui : Confiance et pouvoir viennent d'en bas ; les lumières seules viennent d'en haut. Demain on dira : Chacun doit avoir des lumières suffisantes pour agir dans sa sphère et pour juger son horizon.

Hier, on ne demandait aux conseils locaux qu'une bonne volonté passive : l'administration supérieure avait à la fois le contrôle et l'initiative. Aujourd'hui, presque partout l'initiative appartient aux conseils; l'administration dirige l'exécution. Malgré les termes impératifs de la loi, il est à peu près impossible de contraindre un conseil municipal à faire ce qu'il ne veut pas. En fait, les conseils veulent beaucoup de choses : il est encore possible de mettre beaucoup d'obstacles et beaucoup de retards à l'exécution de leurs vœux. Les réformes futures consisteront à réduire ces retards aux nécessités les plus strictes du contrôle et à pratiquer sincèrement ce principe, encore monstrueux pour beaucoup de Français, que tout ce qui n'est pas défendu est permis. Proposer l'abolition des grandes régies de l'État en fait de routes, d'enseignements ou de travaux publics, ce serait demander le retour à la barbarie. Espérer que, dans l'avenir, l'État deviendra plutôt le conseil des municipalités que leur tuteur et maître, c'est manifester une confiance légitime dans le progrès de notre éducation politique.

Mais, s'il est une œuvre qu'on doit accomplir sans précipitation, avec calme et maturité, c'est le remaniement des traditions administratives qui remontent à une si vénérable antiquité. N'imitons pas ce maire qui construisit un clocher neuf sur un vieux portail chancelant : les assises manquèrent et le clocher tomba.

Les réformes les plus urgentes consisteraient principalement dans une meilleure application des lois. Favoriser les syndicats de communes et les accoutumer à traiter leurs affaires ensemble ; — débarrasser la procédure administrative de toutes les formalités encombrantes et inutiles ; — simplifier les écritures ; — faire disparaître une foule de comités consultatifs dont la loi n'a jamais parlé, dont les avis se contredisent ; — décharger l'administration centrale, toutes les fois qu'il n'y a pas attribution expresse de la loi en sa faveur ; —

lorsque les préfets invoquent à tort l'intervention du pouvoir central, renvoyer le dossier avec ces simples mots : « Le ministre est incompétent », — voilà, ce semble, un programme bien simple et qui, d'un coup, ferait tomber beaucoup de vieux abus.

Quelques ministres l'ont ébauché ; mais ils passent si vite ! On peut voir par l'instruction du 7 août 1846 que, dès cette époque, l'administration centrale était débordée par le nombre des budgets municipaux à examiner. Il faudrait instruire les préfets de leurs droits, leur accorder et leur inspirer confiance, les soutenir énergiquement contre la tyrannie de leurs députés, les défendre contre les empiétements des bureaux et contre les administrations collectives du second degré, fût-ce contre le conseil général ; car la tutelle anonyme et bureaucratique est cent fois plus pesante que celle d'un seul fonctionnaire contrôlé. Non seulement il serait bon de diminuer le nombre des sous-préfets, de relever leurs fonctions, mais encore on devrait éviter de les livrer en pâture aux élus du suffrage universel. Il faudrait restreindre les subventions en les appliquant seulement aux cas indispensables, à titre de secours et toutes les fois que les communes produiraient une espèce de certificat d'indigence : celles qui jouissent d'une honnête aisance s'accoutumeraient alors à compter avant tout sur elles-mêmes.

Pour cela, il s'agit moins de réformer les lois que de nous réformer nous-mêmes : c'est toujours le plus difficile. Il est bien plus commode de voter de belles résolutions qui vont dormir dans le *Bulletin des lois*.

Enfin dans l'avenir, lorsque la situation financière le permettra, on devrait dénouer doucement et un à un les liens trop intimes qui unissent les finances de la commune à celles de l'État. Il suffirait d'abandonner aux communes une part de plus en plus grande de l'impôt direct et de les pousser à la réduction des taxes d'octroi, c'est-à-dire de prendre le contre-pied de la loi de 1884. L'État, s'il avait besoin de ressources, pourrait augmenter dans la même proportion les droits de consommation. Cette politique serait moins populaire que celle des dégrèvements ; mais, à la longue, elle déplacerait sans secousse l'assiette de l'impôt, liquiderait l'association léonine de la république minuscule avec la grande et rendrait à chacun sa liberté d'action.

L'État y trouverait son avantage, au moins autant que la commune. Un ministre ne peut pas tout faire : discuter dans les Chambres et gérer le patrimoine des municipalités. On lui demande d'avoir à la fois l'éloquence d'un Mirabeau, la hauteur de vues d'un Pitt, la prévoyance universelle d'un Colbert, l'exactitude minutieuse d'un Louvois. C'est trop. Si notre vieux gouvernement autoritaire veut vivre en bonne intelligence avec la jeune liberté, qu'il fasse un choix parmi ses attributions multiples. A tout embrasser, il étreint mal. Il rêve l'omnipotence de Louis XIV, et il s'en va à la dérive des courants parlementaires. Plus il évitera l'intervention tracassière dans les affaires locales, plus il lui sera facile de défendre ses prérogatives essentielles, à savoir la diplomatie, l'armée, les finances publiques et la gestion des grands intérêts nationaux.

CONCLUSION

Dans le beau livre de M. Albert Sorel sur *l'Europe et la Révolution française*, rien n'est plus instructif que le tableau de l'Angleterre à la fin du XVIIIe siècle. Ce grand pays « traverse alors une crise redoutable. Les Anglais font à leurs dépens le rude apprentissage de la liberté. Ils l'ont conquise, mais les mœurs n'y sont pas encore formées, l'exercice n'en est pas encore réglé. Ils ne cessent de lutter avec les étrangers que pour recommencer à lutter avec eux-mêmes..... L'agitation politique s'étend jusque dans les familles. Les femmes, les enfants, les domestiques se disent whigs et tories. Les sermons comme les comédies et les mascarades ont une couleur politique..... Les communes usurpent le gouvernement, décrètent des arrestations, menacent le ministère d'accusation ». Aussi tous les docteurs politiques, hommes de plume ou d'action, les princes, les diplomates, les philosophes, Catherine et Frédéric, Vergennes et Kaunitz, Mably et Rousseau, prononcent à l'envi l'oraison funèbre de la Grande-Bretagne, et sont tout près d'y voir « une sorte de Pologne insulaire ». Comme pour donner plus de vraisemblance à ces jugements, les désastres de la guerre d'Amérique venaient de lui enlever ses plus riches colonies. Dans les idées du temps, c'était une perte irréparable.

Cependant William Pitt était déjà ministre. Cette Angleterre si décriée allait bientôt offrir le spectacle de l'énergie la plus indomptable et de la constance la plus inouïe qu'un peuple ait montrées dans l'histoire. Au milieu des défaillances de l'Europe, elle allait soutenir une lutte de vingt-trois ans contre les armées de la Révolution française et finalement faire sombrer la fortune de Napoléon.

Comment les esprits les plus éclairés du dernier siècle ont-ils pu errer aussi gravement? c'est qu'ils considéraient seulement la surface du pays. A l'exception de Montesquieu, aucun regard ne perçait jusqu'aux institutions. Un peuple ne semblait peser dans la balance du monde que lorsqu'une muette discipline le mettait à la discrétion de ses chefs. Les nations, pareilles à des régiments bien dressés, devaient entrer aveuglément dans les combinaisons des chancelleries. On ne voyait pas clairement que les peuples forts se reconnaissent à la trempe des âmes, et que les âmes se forment dans les agitations de la liberté.

En tenant compte de la différence des époques et des tempéraments, il me semble qu'on commet, à la fin du XIXe siècle, une erreur fort semblable sur les forces réelles de la France. Nous aussi, après avoir subi des défaites, nous traversons une crise redoutable. Nous aussi, nous faisons à nos dépens l'apprentissage de la liberté. De la part des chancelleries, un dédain mêlé d'appréhensions; des injures dans la bouche des historiens passionnés, tels que Carlyle ou Mommsen; le persiflage des salons; la répugnance profonde que nos mœurs démocratiques inspirent à la vieille Europe; tout, jusqu'à « cet état de désespoir sombre et amer » qui, selon Macaulay, atteint parfois la partie la plus noble et la plus respectable de la nation, — tout conspire pour rendre la ressemblance plus frappante.

Chez nous, sans doute, les ressorts sont différents. Le salut ne nous viendra pas, comme jadis en Angleterre, du respect des traditions historiques, ni de l'impulsion d'une aristocratie intelligente. Les temps sont changés. A cette époque, la tâche de l'Angleterre était de fonder la liberté, de prouver la force et la souplesse du régime parlementaire. La nôtre est de concilier la liberté avec la démocratie. Au fond, le but est le même. Que le gouvernement soit aristocratique, ou qu'il repose sur le consentement du plus grand nombre, il s'agit toujours de faire des hommes capables de se gouverner eux-mêmes, et non des machines qui obéissent sans comprendre. Ce genre d'éducation ne va pas sans querelles et sans orages. Les observateurs prévenus ou superficiels n'aperçoivent que le désordre apparent; un beau jour, ils se réveillent et se frottent les yeux devant l'œuvre accomplie.

Dégagé, autant que possible, de toute prévention patriotique, je me suis imaginé que je visitais la France presque en étranger, comme le fit jadis Arthur Young, afin de lui tâter le pouls et d'interroger ses forces latentes. Si j'avais à déposer mon rapport, voici comment je résumerais cette consultation.

Dans un corps de nation, de même que dans le corps humain, il y a trois points essentiels à considérer : la puissance vitale, que l'on peut comparer à la richesse du sang ; — l'équilibre interne qui correspond à la distribution régulière du sang dans les organes; — enfin ces organes eux-mêmes, leur résistance et leur élasticité.

La vitalité me paraît démontrée en France par la rapidité avec laquelle se renouvellent les classes supérieures. C'est une très ancienne observation que les sociétés périssent surtout par l'immobilité. Au contraire, l'ambition de parvenir répandue jusque dans les derniers rangs du peuple, un va-et-vient continuel du haut en bas de l'échelle sociale, une ascension sans relâche, par le travail, par les examens, par la richesse, au profit des hommes que dame nature a bien pourvus de muscles et de patience, c'est le gage d'une bonne santé. Il est très exact de comparer cette montée de sève à l'afflux du sang dans le corps humain. Non seulement elle apporte aux classes dirigeantes plus de vigueur matérielle, mais encore elle les empêche de s'endormir dans le bien-être et les préjugés. Avec le mouvement, il y a toujours de la ressource, comme disent ces médecins. On pourrait presque s'en tenir à cette démonstration, et se fier, pour nous tirer d'affaire, à la force du tempérament, si la concurrence des autres peuples et notre position dans le monde ne rendaient les expériences coûteuses et les tâtonnements fort dangereux.

Il faut donc passer au second point, et voir si ce mouvement n'est pas la fièvre, c'est-à-dire si la distribution des forces se fait avec ordre et régularité, de même que, dans un corps sain, le pouls bat régulièrement : examen fort délicat, car c'est toute la question sociale. Au premier abord, les vieilles hiérarchies ont beau jeu contre nous : elles présentent des mobiles très simples, un ordre extérieur séduisant. Leurs classifications ressemblent à des compartiments bien ordonnés. Ce sont des canaux tout préparés pour recevoir et diriger la sève nationale. Malheureusement, ces cadres éclatent de toutes parts en Europe; ils opposent une résistance de plus en plus faible à la poussée démocratique. Les embarras dont nous souffrons ne nous sont pas particuliers. L'Europe ne peut éviter qu'il y ait une grande lacune dans la forme de son développement : c'est la distance énorme qui sépare la tête et la queue des nations, les classes cultivées qui, pendant de longs siècles, ont été les seules dépositaires de l'ordre social et de l'intelligence politique, et les classes inférieures qui émergent maintenant à la lumière. Chacun comble cette lacune comme il peut; notre manière n'est peut-être pas la pire. Nous avons au moins l'avantage d'avoir commencé. Quels seront les nouveaux principes d'organisation? C'est le secret de l'avenir. Mais nous possédons d'abord un grand régulateur, l'amour du travail, et au bout du travail le sentiment de la propriété, toujours vivace en France, quoi qu'on en dise. De plus je me suis efforcé de montrer que, malgré des protestations aussi vaines que bruyantes, la culture bourgeoise reste, pour les classes inférieures, l'idéal et comme le centre du développement national. Les démagogues eux-mêmes n'y échappent pas : ils sont plus bourgeois que les autres, lorsqu'il s'agit de leurs rentes ou de l'éducation de leurs enfants. Ces traditions de la bourgeoisie française, avec son instinct presque involontaire de l'ordre, ses hautes facultés intellectuelles, son respect désintéressé pour les sciences et les lettres, qui n'exclut pas un goût très vif pour l'argent bien acquis, son humeur frondeuse, tempérée par le besoin d'un gouvernement énergique et d'une administration solide, je les retrouve dans toute notre histoire. Aujourd'hui comme autrefois, elles marquent la direction générale de notre esprit public, elles donnent la clef de nos qualités et de nos défauts. Nous sommes toujours les fils de cette bourgeoisie qui, sous l'ancien régime, était associée à la conduite des affaires publiques, et s'absorbait, non sans grandeur, dans la personne du maître, c'est-à-dire, à cette époque, dans la toute-puissance de l'État. Nous sommes toujours amoureux d'un pouvoir même anonyme, enclins à porter dans une seule spécialité toute la force d'un esprit net et tranchant, mais prêts aussi à tous les sacrifices, même à celui de nos petites passions, quand il s'agit de patriotisme. Sans doute, le type est en train de se modifier : mais quand les parvenus des campagnes y mêleraient un peu de plomb et de solide alliage, ceux des villes un peu de compassion pour les humbles, je n'y verrais pas grand dommage. Dans tous les cas, les traits généraux subsistent. Il n'est pas à craindre qu'une démocratie s'égare ou retombe dans la barbarie, lorsque l'idéal bourgeois lui fournit, pour éclairer ses étapes, sa colonne de lumière mélangée d'un peu de fumée.

Enfin, sur le troisième point, à savoir sur le fonctionnement des organes essentiels, parmi lesquels je range en première ligne les libertés locales, les Français m'ont paru à la fois moins novateurs et plus hardis qu'on ne le croit généralement : moins novateurs, car ils ont gardé de l'ancienne organisation provinciale tout ce qu'on pouvait raisonnablement conserver. Ils ont surtout gardé la commune, source modeste de la vie publique, dont le cours a pu se perdre momentanément dans les sables, mais reparaît dès qu'on lui trace un lit suffisant. Ils sont aussi plus hardis, car les associations sortent de terre, au moment où l'on met en question notre aptitude à nous associer : les syndicats, les sociétés de toute couleur envahissent les mœurs avant même d'acquérir droit de cité.

On peut donc le dire, non sous l'influence d'un optimisme banal, mais avec faits à l'appui : la

France est une nation assez robuste pour soutenir les épreuves que sa destinée orageuse lui réserve encore. Elle a franchi les premières phases de cette mue intérieure que l'on s'accorde à considérer comme inévitable chez la plupart des nations civilisées. En dépit d'un désarroi passager, notre pays, qui cherche depuis cent ans l'assiette de son gouvernement, renferme les meilleurs éléments de résistance et d'organisation.

Quant à la direction qu'il convient d'imprimer à ce grand corps, c'est l'affaire des hommes d'État. Mon voyage d'exploration se termine sur le seuil de la politique.

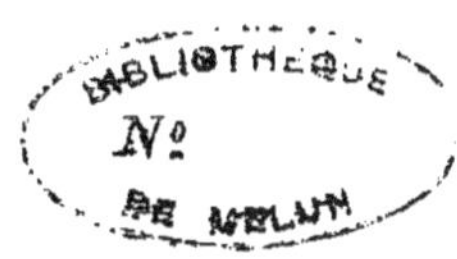

FIN

TABLE DES MATIÈRES

COULOMMIERS. — Imp. P. BRODARD et GALLOIS.

Coulommiers. — Imp. P. Brodard et Gallois

Librairie HACHETTE et Cie, Boulevard Saint-Germain, 79, Paris.

BIBLIOTHÈQUE VARIÉE [illegible] VOLUME

[illegible]

Études littéraires

[illegible]

www.ingramcontent.com/pod-product-compliance
Lightning Source LLC
LaVergne TN
LVHW020536230826
846091LV00002B/292

* 9 7 8 2 0 1 9 1 4 0 0 6 9 *